GUÍAS VISUALES

AF277082

TOP 10
ANDALUCÍA
Y LA COSTA DEL SOL

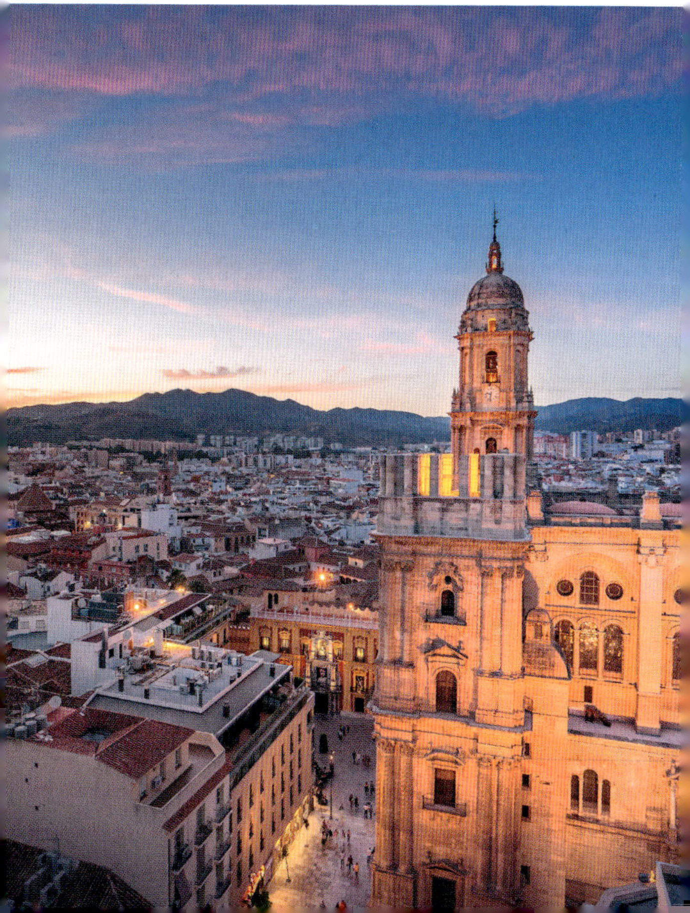

Top 10 Andalucía y la Costa del Sol

Lo mejor de Andalucía y la Costa del Sol

CONTENTOS

Recorridos por Andalucía y la Costa del Sol

Datos útiles

Las listas Top 10 de esta guía no siguen un orden jerárquico en cuanto a calidad o popularidad. Cualquiera de las 10 opciones, a juicio del editor, tiene el mismo mérito.

Portadilla, cubierta y lomo *La imponente ciudad de Málaga al atardecer*
Contraportada, desde arriba a la izquierda y en el sentido de las agujas del reloj: *tapas; puente romano en Córdoba; playa de Nerja; catedral de Málaga al atardecer; casco antiguo de Málaga*

Debido a la pandemia de COVID-19 muchos hoteles, restaurantes y tiendas han modificado sus horarios o se han visto obligados a cerrar. Por favor, consulte con cada establecimiento antes de acudir.

Toda la información de esta Guía Visual Top 10 se comprueba regularmente. Se han hecho todos los esfuerzos para que esta guía esté lo más actualizada posible a fecha de su edición. Sin embargo, algunos lugares han podido cerrar y algunos datos, como números de teléfono, horarios, precios e información práctica, pueden sufrir cambios. La editorial no se hace responsable de las consecuencias que se deriven del uso de este libro, ni de cualquier material que aparezca en los sitios web de terceros, además no puede garantizar que todos los sitios web de esta guía contengan información de viajes fiable. Valoramos mucho las opiniones y sugerencias de nuestros lectores. Puede escribir al correo electrónico: **travelguides@dk.com**

Bienvenido a
Andalucía
y la Costa del Sol

Flamenco, vinos, tapas, playas y sol: en Andalucía se concentra todo lo que hace de España uno de los países más queridos y visitados del mundo. Además, esta encantadora región también tiene algunas de las ciudades más románticas de Europa, su humedal más importante y la segunda cordillera más alta, así como abundantes actividades al aire libre, desde senderismo hasta esquí. Con la guía Top 10 de Andalucía ya puede comenzar a explorarla.

Las tres grandes ciudades de Andalucía –**Granada, Sevilla** y **Córdoba**– son importantes depositarias de la identidad histórica de España y símbolos del pasado árabe de la zona, donde se encuentran lugares Patrimonio de la Humanidad como la **mezquita** de Córdoba, la **Alhambra** de Granada y la **catedral** de Sevilla. Otros lugares imprescindibles son **Jerez de la Frontera** y sus bodegas, y **Ronda,** situada sobre un cañón conocido como **El Tajo,** así como **Baeza** y **Úbeda,** ciudades muy bien conservadas llenas de arquitectura renacentista. Y entre ellas están los famosos Pueblos Blancos que salpican los montes andaluces.

En la cálida **Costa del Sol,** la riqueza cultural y culinaria se concentra en torno a **Málaga, Marbella** y **Gibraltar.** Entre el impresionante peñón y la antigua ciudad de Cádiz se encuentra la hermosa **Costa de la Luz,** muy popular entre los turistas y los surferos.

Tanto si se trata de un fin de semana como de una estancia más larga, la guía Top 10 reúne todo lo necesario para explorar la región. Proporciona consejos útiles sobre lo que se puede hacer gratis o dónde encontrar lugares menos transitados por el turismo, con inspiradoras fotografías, mapas detallados e itinerarios fáciles de seguir, lo que hace que sea un compañero de bolsillo esencial. **Disfrute de la guía, y disfrute de Andalucía y la Costa del Sol.**

Desde arriba y en el sentido de las agujas del reloj: **la Alhambra, Granada; sierra de Aracena; Alcázar, Sevilla; Reserva Natural de Cabo de Gata; azulejos andaluces; Ronda sobre la garganta conocida como El Tajo; la mezquita de Córdoba**

Explorar Andalucía y la Costa del Sol

La región ofrece gran variedad de lugares, sonidos, sabores y diversió
He aquí algunas ideas para hacer una visita de cuatro días o siete.

Cuatro días en Andalucía

Día ❶

MAÑANA
Siga la serpenteante y espectacular A397 a través de las montañas de las serranías Penibéticas hasta **Ronda** (ver pp. 30-31). Contemple la arquitectura de la plaza y los palacios desde el puente Nuevo.

TARDE
Conduzca hasta **Cádiz** (ver pp. 26-27) y pasee por las callejuelas del medieval barrio del Pópulo; no olvide ir a la catedral Nueva y al paseo marítimo.

Día ❷

MAÑANA
Explore el **Parque Nacional de Doñana** (ver pp. 36-37), y vea las aves al amanecer. Después vaya a **Jerez de la Frontera** (ver p. 106) para probar el jerez local.

TARDE
Tome la ruta alternativa al norte por el Pueblo Blanco de **Arcos de la Frontera** (ver p. 106) a **Sevilla** (ver pp. 84-93) y vea la **catedral** y la **Giralda** (ver pp. 18-19).

Día ❸

MAÑANA
Pasee por el **Real Alcázar de Sevilla** (ver pp. 20-21), después conduzca hasta el pueblo de **Carmona** (ver p. 96), y de ahí a **Córdoba** (ver pp. 22-23).

TARDE
Visite la **mezquita** (ver pp. 24-25), el **barrio de la Judería** (ver p. 22) y el **Alcázar de los Reyes Cristianos** (ver p. 23).

La catedral Nueva se alza orgullosa ante el paseo marítimo de Cádiz.

La sierra de Cazorla es una reserva enorme y diversa.

La impresionante Alhambra está formada por una fortaleza nazarí y jardines.

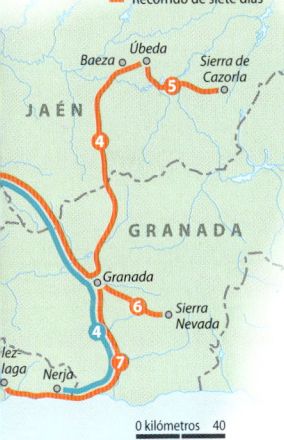

Simbología
- Recorrido de cuatro días
- Recorrido de siete días

Baeza *Úbeda* *Sierra de Cazorla*
5
JAÉN
4
GRANADA
Granada
6 *Sierra Nevada*
4
lez *laga* *Nerja*
7
0 kilómetros 40

Arcos de la Frontera, espectacular estampa al borde de un acantilado.

Día ❹
Diríjase a **Granada** *(ver pp. 116-123)* para ver el complejo arquitectónico y los jardines de la **Alhambra** *(ver pp. 12-13)* y el **Generalife** (palacio de verano) *(ver pp. 14-15)*, finalmente relájese en la playa de **Nerja** *(ver p. 33)*.

Siete días en Andalucía

Días ❶-❸ como el anterior
Día ❹
Comience en la **Alhambra** *(ver pp. 12-13)*, y después explore el barrio del **Albaicín** *(ver pp. 16-17)*, visite las iglesias, los baños árabes y las teterías marroquíes.

Después haga una visita al pueblo alfarero de **Úbeda**, Patrimonio de la Humanidad *(ver p. 35)*, sus plazas y sus edificios renacentistas y platerescos.

Día ❺
Dé un pequeño paseo por la **sierra de Cazorla** *(ver p. 61)* y observe las aves rapaces. Pase la tarde en **Baeza** *(ver p. 34)*, muy bien conservada y también Patrimonio de la Humanidad.

Día ❻
Descubra **Sierra Nevada** *(ver pp. 38-39)*, la segunda cordillera más alta de Europa después de los Alpes. Si es verano visite las plantaciones de aceitunas, almendras y cítricos del valle de Lecrín; en invierno puede ir a esquiar.

Día ❼
Tome la A41 sur, por el extremo occidental de **Sierra Nevada** *(ver pp. 38-39)*, disfrute de la playa en Nerja y después visite la ciudad de **Vélez-Málaga** en la **Costa del Sol** *(ver pp. 32-33)*, situada al borde un acantilado.

Top 10 Andalucía y la Costa del Sol

El impresionante puente Nuevo que cruza la garganta de El Tajo de Ronda

TOP 10 Lo esencial de Andalucía

La Comunidad Autónoma de Andalucía domina el sur de España, con su espectacular paisaje de desiertos, olivares y montañas nevadas. Los recuerdos de su visita deben ser coloridos, alegres y emocionantes, y han de incluir flamenco, Pueblos Blancos remotos, sierras y playas soleadas.

0 kilómetros 50

1 La Granada árabe

La dinastía nazarí reinó en Granada desde 1231 hasta la toma de los Reyes Católicos, en 1492. La arquitectura granadina es una de las más exquisitas de Europa (ver pp. 12-17).

2 La catedral de Sevilla y la Giralda

Estas dos joyas de la capital andaluza encarnan la yuxtaposición del legado árabe y cristiano (ver pp. 18-19).

El Real Alcázar de Sevilla 3

En este lujoso palacio conviven diversos estilos. En su construcción participaron artesanos árabes (ver pp. 20-21).

4 Córdoba y la mezquita

Córdoba llegó a ser la ciudad islámica más importante de Europa, hecho que atestigua su gran mezquita, una obra maestra de la arquitectura (ver pp. 22-25).

Cádiz 5

Posiblemente la ciudad habitada más antigua de Europa, Cádiz conserva un aura de misterio. La cúpula dorada de la catedral es espectacular (ver pp. 26-27).

⑥ Ronda

El mayor de los Pueblos Blancos de la región, ocupa una hermosa meseta de roca dividida de forma espectacular por una profunda garganta, llamada el Tajo. También es conocida por ser la cuna del toreo moderno *(ver pp. 30-31)*.

Costa del Sol ⑦

Desde las más exclusivas localidades con puertos deportivos hasta las poblaciones más familiares, estas famosas playas tienen algo para cada persona *(ver pp. 32-33)*.

Baeza y Úbeda ⑧

Estas dos bellas ciudades de la provincia de Jaén muestran conjuntos arquitectónicos renacentistas perfectamente conservados *(ver pp. 34-35)*.

⑨ Parque Nacional de Doñana

La desembocadura del Guadalquivir constituye una de las reservas naturales más importantes del mundo, esencial para la preservación de las colonias de aves en Europa *(ver pp. 36-37)*.

Sierra Nevada ⑩

Segunda cordillera en altura de Europa, después de los Alpes. Ofrece la estación de esquí más meridional del continente, un entorno natural para senderistas y decenas de pueblos remotos *(ver pp. 38-39)*.

🔟⭐ La Granada árabe: la Alhambra

El grandioso complejo de la Alhambra es el palacio árabe medieval mejor conservado del mundo. Se trata de uno de los monumentos más apreciados de España y recibe más de dos millones de visitas al año. Corona la frondosa colina de la Sabika, que se asoma a la ciudad de Granada, donde ya existía una construcción en el siglo XI –*qa'lat al-Hambra* (la Fortaleza Roja)– levantada por la dinastía de los ziríes. Desde el siglo XIII hasta finales del XV los reyes nazaríes, sucesores en el trono, transformaron el recinto de forma espectacular.

① Puerta de la Justicia

Levantada en 1348, esta magnífica puerta con arco de herradura (*arriba*) conduce a un pasillo quebrado en forma de "s", cuya finalidad era reducir el avance de los ejércitos invasores.

La Alhambra, y detrás Sierra Nevada

② Puerta del Vino

Recibe este nombre porque al parecer aquí se vendía vino exento de impuestos en el siglo XVI. Permitía el acceso a lo que en su día fue la medina.

③ Plaza de los Aljibes

Desde esta plaza los visitantes disfrutan de maravillosas vistas de Granada. Los gigantescos aljibes se construyeron tras la Reconquista.

④ Alcazaba

Es la parte más antigua de la Alhambra. No hay que perderse el ascenso hasta la torre de la Vela, que brinda vistas de Sierra Nevada.

⑤ Palacio de Carlos V

Este palacio de estilo renacentista (*izquierda*) español es la obra maestra de Pedro Machuca, discípulo de Miguel Ángel. El edificio alberga el Museo de la Alhambra, que exhibe una colección de arte nazarí, y el Museo de Bellas Artes.

Plano de la Alhambra

Generalife

6 Palacios Nazaríes

Los palacios nazaríes se construían con ladrillos, madera y estuco para no competir con las creaciones de Alá.

7 Palacio de Mexuar

El peor conservado de los tres palacios. Era el más frecuentado, ya que se utilizaba para asuntos judiciales y administrativos. La estructura original se remonta a 1365, pero en el siglo XVI los cristianos la convirtieron en capilla.

9 Palacio de Comares

Construido a mediados del siglo XIV, en este edificio el sultán recibía a los dignatarios y atendía asuntos diplomáticos. En el interior se halla el salón de Embajadores, la principal sala del trono de la Alhambra. El palacio rodea el patio de los Arrayanes *(derecha)*.

10 Palacio de los Leones

Este palacio que data de la década de 1300 era el harén, la zona privada reservada para el sultán y su familia. La fuente con 12 leones, situada en el patio central del palacio, podría representar los signos del zodiaco, las horas del reloj o las 12 tribus de Israel.

8 Partal

Se puede pasear por los jardines del Partal, con fuentes y canales. En este lugar había varios palacios, pero solo se conservan cinco arcos porticados *(arriba)*. Estos jardines conducen al Generalife *(ver pp. 14-15)*.

INFORMACIÓN ÚTIL

PLANO S2

La Alhambra: 958 02 79 71. Abr-med oct: 8.30-20.00 todos los días, 22.00-23.30 ma-sá; med oct-mar: 8.30-18.00 todos los días, 8.00-21.30 vi y sá; cerrado 1 ene, 25 dic. Entrada: 18 €, 19,09 € (en Internet), 10 € (nocturna); www.tickets.alhambra-patronato.es

Museo de la Alhambra: med mar-med oct: 8.30-14.30 do y ma (hasta 20.00 mi-sá); med oct-med mar: 8.30-14.30 do y ma (hasta 18.00 mi-sá); cerrado lu, 1 ene, 25 dic

■ Para visitar el complejo es necesario presentar el carné de identidad.

■ Conviene reservar las entradas con antelación en Internet.

La Granada árabe: el Generalife

Torre de los Picos

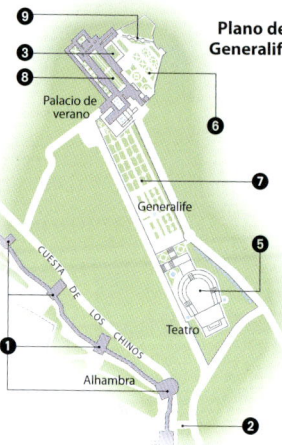

Plano del Generalife

Palacio de verano

Generalife

Teatro

Alhambra

① Las torres

Al seguir los jardines del Partal (ver p. 13) en dirección al Generalife se hallan varias torres moriscas construidas en la muralla y hoy restauradas. Las torres de los Picos, del Cadí, de la Cautiva, de las Infantas, del Cabo de la Carrera y del Agua merecen una visita debido a su exquisita ornamentación y a las maravillosas vistas que proporcionan. La torre de la Cautiva y la torre de las Infantas son torres-palacio con estancias profusamente decoradas.

② Cerro del Sol

Un puente peatonal flanqueado por dos torres conduce hasta el altozano que descuella sobre la Alhambra. Antiguamente estuvo coronado por un palacio de verano rodeado por más de 30 ha de jardines que se edificó un siglo antes que la Alhambra. Hoy solo quedan en pie algunas ruinas.

③ Patio de los Cipreses

También es conocido como patio de la Sultana. Cuenta la leyenda que en este lugar Zoraya, esposa de Boabdil (ver p. 43), se reunía en secreto con su amante, el jefe de los abencerrajes. Al descubrir la infidelidad, el sultán ordenó la muerte de todos los señores de esta familia. Un ciprés de 700 años recuerda el suceso.

④ Origen del nombre

El nombre de Generalife deriva de la expresión árabe *Djinat al-Arif*, el Jardín del Arquitecto (en referencia a Alá). También puede traducirse como el noble jardín o el jardín alto. El río Darro se desvía 18 km para traer agua hasta este frondoso refugio.

Patio de los Cipreses

HISTORIA DE LA ALHAMBRA

Este espectacular complejo palaciego fue el último bastión de al-Ándalus: la España musulmana. En 1237 los cristianos habían reconquistado todas las tierras excepto este emirato. Los árabes lograron prosperar en este enclave durante 250 años más, y tan solo sucumbieron a las fuerzas de Isabel y Fernando en 1492 *(ver p. 42)*. El Generalife era el palacio de verano al que acudían los reyes nazaríes para huir de la vida oficial de palacio. Los jardines, hermosamente trazados, eran un lugar de recreo ideal. Tras siglos de abandono, las estructuras árabes comenzaron a rehabilitarse en los albores del siglo XIX. El escritor estadounidense Washington Irving inspiró al mundo entero con su célebre diario de viajes *Cuentos de la Alhambra* (ver p. 55).

5 Anfiteatro

Lo primero que el viajero encuentra al ascender la colina es el anfiteatro, ubicado en una depresión rodeada de árboles. Aquí se ofrecen espectáculos de danza y conciertos de música como parte de un festival anual.

6 Jardines Altos

Cerca de la entrada de los jardines Altos se encuentra el patio de Polo, donde los visitantes dejaban sus caballos antes de subir a palacio. Conforman los jardines una variedad

Glicinia en los jardines Altos

de fuentes y diseños paisajísticos de corte formal, surcados por senderos y moteados de pequeñas arboledas.

7 Jardines Bajos

También llamados jardines Nuevos, guardan menos similitud con el estilo árabe. Los setos recortados y los diseños formalistas evocan el gusto italiano. El murmullo del agua proporciona un ambiente de sosiego que encaja con el ideal musulmán. Para los musulmanes el paraíso es un oasis donde conviven el agua y la vegetación.

Fuentes del patio de la Acequia

8 Patio de la Acequia

El patio de la Acequia es la zona más famosa del Generalife. La acequia central, de proporciones perfectas, tiene surtidores de los que emana el agua. En un extremo se encuentra uno de los pabellones más armoniosos del complejo, la Sala Regia, con arcos ornamentados y un hermoso pórtico.

9 Escalera del Agua

Esta escalera tiene dos muros laterales con canales por donde discurre el agua. El mejor momento para contemplarla es la primavera, cuando la glicina está en flor.

10 Paseo de las Adelfas y de los Cipreses

Al dirigirse a la salida se atraviesa el paseo de las Adelfas, cubierto por una bóveda vegetal, y el paseo de los Cipreses. Se regresa al cerro del Sol y se toma la cuesta del Rey Chico hasta el Albaicín *(ver pp. 16-17)*.

La Granada árabe: el Albaicín

Iglesia de Santa Ana, de estilo mudéjar

① Iglesia de Santa Ana
PLANO R2 ▪ C/ Santa Ana 1

En el extremo de la Plaza Nueva se alza esta iglesia de ladrillo de estilo mudéjar, construida en el siglo XVI por artesanos musulmanes. En la capilla principal se puede contemplar un techo artesonado que sigue la tradición árabe. La torre del campanario fue en su origen un alminar.

② Paseo de los Tristes
PLANO S2

Esta explanada bordeada de árboles sigue el curso del río corriente arriba. Debido a su amplitud, en su día fue escenario de torneos y procesiones. Hoy hay numerosas terrazas de bares y restaurantes.

③ Casa de Castril
PLANO R2 ▪ Carrera del Darro 43 ▪ 600 14 31 41 ▪ Horario: jul-ago: 9.00-15.00 ma-do; sep-jun: 9.00-20.00 ma-sá, 9.00-15.00 do

Esta ornamentada mansión del siglo XVI fue en su origen propiedad del secretario de los Reyes Católicos, Hernando de Zafra. Desde 1879 funciona como Museo Arqueológico Provincial y expone objetos relacionados con la historia de Granada, desde el Paleolítico hasta la toma de la ciudad en 1492. La destacada colección se exhibe en tres salas y en torno al patio central.

④ Iglesia de San Pedro y San Pablo
PLANO R2 ▪ Carrera del Darro 2

Situada frente a la Casa de Castril, esta iglesia data igualmente del siglo XVI y ocupa un hermoso emplazamiento a orillas del río. Desde aquí se divisan las hermosas torres de la Alhambra.

⑤ Real Chancillería
PLANO Q2
▪ Plaza del Padre Suárez 1

Este grandioso edificio data de 1530. Se construyó tras la Reconquista, como parte del inútil intento por cristianizar este barrio árabe. La creación del palacio se atribuye al arquitecto Diego de Siloé.

Real Chancillería

⑥ El Bañuelo (baños árabes)
PLANO R2 ▪ Carrera del Darro 31 ▪ 958 57 51 31 ▪ Abierto todos los días

Estos baños datan del siglo XI y son las termas árabes mejor conservadas de España. Comprenden varias estancias utilizadas como lugar de reunión, salas de masajes y baños.

Los antiguos baños árabes de El Bañuelo

Mirador de San Nicolás, que ofrece buenas vistas a la Alhambra

7 Mirador de San Nicolás

PLANO R1

La magnífica terraza frente a la iglesia de San Nicolás brinda vistas maravillosas. Al atardecer, cuando la Alhambra resplandece con suaves tonos ocres y las cumbres de Sierra Nevada irradian una luz rosada desde la distancia, el panorama resulta de una belleza sobrecogedora.

8 Plaza Larga

PLANO R1

Desde el paseo de los Tristes se sigue la calle Panaderos para alcanzar esta ajetreada plaza, donde una vez a la semana se instala un mercadillo. Hay numerosos restaurantes y bares de precios razonables. La plaza posee una puerta típicamente árabe que forma

Plano del Albaicín

parte de las ruinas de las antiguas murallas. Se trata del arco de las Pesas, por el que se accede a la popular plaza de San Nicolás.

9 Teterías

Al recorrer el laberinto de pequeños y empinados callejones con casas encaladas del Albaicín se encuentran numerosas teterías moriscas, una tradición que sigue viva en el barrio. Posiblemente la mejor de todas es La Tetería del Bañuelo (ver p. 122), que comprende varias salas emplazadas entre bellos jardines. Aquí se puede saborear un té de menta, degustar dulces elaborados con miel y contemplar un panorama espectacular.

10 Tiendas

Merece la pena recorrer las empinadas callejuelas que parten de la calle Elvira, en especial la Caldería Vieja y la Caldería Nueva, donde se hallan comercios de inspiración árabe (ver p. 120).

LAS CUEVAS DEL SACROMONTE

Al abandonar el Albaicín en dirección norte hay que seguir el Camino del Sacromonte para llegar al barrio del mismo nombre. Es famoso por las 3.500 cuevas tradicionalmente habitadas por gitanos (ver p. 50). Durante más de seis siglos, la zona ha sido célebre por las zambras y fiestas gitanas donde se baila y canta flamenco. Los visitantes son bien recibidos en estas celebraciones. Hoy en día aproximadamente el 80% de estas cuevas siguen ocupadas y varias de ellas funcionan como tablaos flamencos.

TOP 10 ⭐ La catedral de Sevilla y la Giralda

La catedral de Sevilla no solo destaca por su tamaño, sino también por su imponente campanario mudéjar, la Giralda. La catedral ocupa el emplazamiento de una mezquita construida por los almohades en el siglo XII. En 1248 Sevilla fue reconquistada por las fuerzas cristianas, que volvieron a dedicar la mezquita a la Virgen María y la utilizaron como principal lugar de culto. Fue demolida en 1401 y se tardó más de un siglo en erigir la nueva catedral, la más grande de Europa.

① Exterior y dimensiones

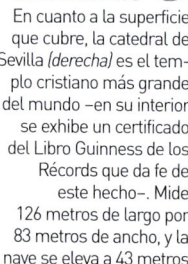

En cuanto a la superficie que cubre, la catedral de Sevilla (derecha) es el templo cristiano más grande del mundo –en su interior se exhibe un certificado del Libro Guinness de los Récords que da fe de este hecho–. Mide 126 metros de largo por 83 metros de ancho, y la nave se eleva a 43 metros de altura (ver p. 86).

② Pinturas de la catedral

Hay alrededor de 600 cuadros por toda la catedral, desde el pabellón de entrada hasta las sacristías, así como una serie de esculturas de la Escuela sevillana, que incluye artistas como Bartolomé Esteban Murillo, Francisco de Zurbarán y Francisco Pacheco.

③ Puerta del Perdón

Es el acceso principal a la única parte de la mezquita que se conserva. El arco y las puertas de bronce exhiben inscripciones del Corán y suponen una obra cumbre del arte almohade. También se contemplan elementos escultóricos renacentistas, entre los que destaca un bajorrelieve que representa la expulsión de los mercaderes del templo.

④ Sacristía de los Cálices

Esta sacristía custodia parte del tesoro de la catedral. En la antesala se exhibe un tenebrario plateresco de 7,8 metros que se utiliza en Semana Santa. Destacan una pintura de Goya de las santas patronas de Sevilla, santa Justa y santa Rufina, así como lienzos de Zurbarán, Jordaens y otros maestros.

⑤ Sacristía Mayor

La sacristía Mayor (izquierda) está dominada por una bóveda diseñada en el siglo XVI. La pieza estelar es una custodia barroca de plata de 450 kilogramos de peso y 3 metros de altura. Es obra de Juan de Arfe.

6 ## Patio de los Naranjos
En el patio de los Naranjos los fieles practicaban el rito de la ablución antes de acceder a la mezquita para orar.

7 ## Interior
Los arcos góticos que se alinean en la nave de la catedral, se elevan a tal altura que se dice que el templo cuenta con una temperatura propia.

8 ## La Giralda
Esta magnífica torre *(abajo)* es el símbolo de Sevilla. Se construyó entre 1172 y 1195 *(ver p. 86)*. Toma su nombre de la veleta que la corona, conocida como el Giraldillo.

PROCESIONES DE SEMANA SANTA

Las procesiones de la Semana Santa sevillana *(ver p. 80)* son las más ricas de toda Andalucía. Las 61 cofradías rivalizan por tener las imágenes de la Virgen mejor engalanadas y las mejores tallas de la Pasión de Cristo. Los costaleros llevan a hombros los pasos, y a la cabeza de la procesión se sitúan los nazarenos, penitentes ataviados con túnica y capirote.

Plano de la catedral de Sevilla

9 ## Sala capitular
La bóveda de la sala capitular tiene una *Inmaculada Concepción* de Murillo. El suelo es de mármol.

10 ## Capilla Mayor
El mayor tesoro del altar mayor es el retablo del siglo XV, uno de los más grandes del mundo *(abajo)*. Elaborado con madera tallada y bañada en oro, muestra alrededor de 45 escenas bíblicas.

INFORMACIÓN ÚTIL

PLANO M4 ■ Plaza Virgen de los Reyes ■ 954 21 49 71 ■ www.catedraldesevilla.es

Horario 11.00-19.00 lu-sá, 14.30-19.00 do; servicios: consultar la web

Entrada: 17 € (individual con audioguía). Hay visitas guiadas y recorridos por las cubiertas de la catedral (consultar la web)

■ Para disfrutar de espléndidas vistas vaya a la azotea del EME Catedral Hotel *(ver p. 140)*.

■ La subida a La Giralda merece la pena.

🔟 ⭐ El Real Alcázar de Sevilla

Este extenso complejo contiene una serie de salas y espacios palaciegos de épocas diversas. Las torres frontales y las murallas, que datan de 913, fueron construidas por Abderramán III, el emir de Córdoba, posiblemente sobre las ruinas de un acuartelamiento romano. Sucesivos califas añadieron espléndidas aportaciones arquitectónicas durante los siglos siguientes. Más tarde llegaron los legados de los reyes cristianos, en particular el de Pedro I el Cruel, en el siglo XIV. En el siglo XVI Carlos V construyó los salones que llevan su nombre.

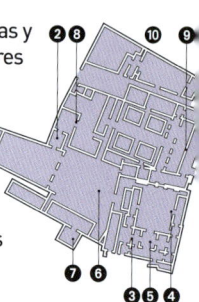

Plano del Real Alcázar

① Puerta del León

El portón de entrada al primer patio (arriba) forma parte de las murallas almohades. No hay que perderse las inscripciones árabes y góticas de la fachada interior.

② Sala de Justicia

En esta sala se puede contemplar el más puro arte mudéjar, realizado por artesanos de Granada hacia 1330 por encargo de Alfonso XI de Castilla. El techo artesonado en forma de estrella y el exquisito trabajo de yesería son de una gran belleza.

③ Patio de las Muñecas

Este acogedor patio era el centro de la vida íntima de palacio y supuestamente toma su nombre de dos pequeñas cabezas talladas en sus capiteles.

④ Patio de las Doncellas

El patio de las Doncellas (arriba) conmemora el tributo anual de 100 doncellas vírgenes que los cristianos ofrecían a los gobernantes árabes. Observe los magníficos azulejos.

⑤ Salón de Embajadores

Se trata de la sala más espectacular de todo el alcázar. La pieza estrella es la maravillosa cúpula de madera esculpida, policromada y dorada *(arriba)*. Fue construida por artesanos de Toledo y finalizada en 1366.

⑥ Patio de la Montería

Muestra una ornamentación mudéjar del siglo XIV que supone una síntesis perfecta de diferentes influencias culturales.

⑦ Casa de la Contratación

Los Reyes Católicos, Fernando e Isabel, se reunieron aquí con los descubridores de América.

Patio del Yeso ⑧

El patio del Yeso, muy restaurado, es una de las escasas reliquias del palacio del siglo XII. El primoroso estucado presenta arcos festoneados *(derecha)* y se realza con un sombreado jardín con canales de agua.

⑨ Palacio Gótico

Se trata de un edificio gótico restaurado que data del siglo XIII, construido por Alfonso X el Sabio. Contrasta con el conjunto.

⑩ Jardines

En estos jardines *(izquierda)* abundan los toques árabes: fuentes, estanques, arboledas anaranjadas, palmeras y setos. Aquí se celebran conciertos y eventos en las noches de verano.

TOP 10 ★ Córdoba

Córdoba es una de las joyas de Andalucía. El principal reclamo es sin duda la mezquita, una de las insuperables obras maestras de la arquitectura mundial. Además de la mezquita y la incongruente aunque majestuosa catedral que se instaló dentro, existen monumentos fabulosos e imponentes palacios de todas las épocas, museos de arte e historia, uno de los conjuntos arqueológicos más notables de Andalucía y un museo dedicado a la historia de la tauromaquia.

4 ## Palacio de los Marqueses de Viana
Este palacio museo (siglos XIV al XVIII) contiene estancias y muebles de época perfectamente conservados.

5 ## Museo Taurino
Dedicado a la tauromaquia, este museo alberga una excelente colección de arte sobre el tema. Sus espectaculares exhibiciones muestran la historia de la corrida de toros, la crianza de los toros, así como importantes figuras de la tauromaquia.

1 ## Judería
El antiguo barrio de la Judería *(arriba)* data de la época de los romanos. En sus estrechas callejuelas, encaladas y adornadas con macetas, destacan los hermosos patios de estilo morisco. Este barrio cuenta con la única sinagoga medieval de toda Andalucía, construida en 1315.

2 ## Plaza del Potro
Esta pequeña plaza, adornada con una fuente del siglo XVI, fue en su día un mercado de ganado.

3 ## La mezquita
La tercera mezquita en tamaño del mundo es un lugar lleno de grandeza y misticismo *(ver pp. 24-25).*

INFORMACIÓN ÚTIL MAPA D3

Alcázar y Baños: Campo Santo de los Mártires. 957 42 01 51. Verano: 8.15-14.45 ma-do y festivos; invierno: 8.15-20.00 ma-vi, 9.30-18.00 sá, 8.15-14.45 do y festivos. Entrada: alcázar 5 €; baños 3 €

Palacio de los Marqueses de Viana: Plaza Don Gome 2. 957 49 67 41. Verano: 9.00-15.00 ma-do; invierno: 10.00-19.00 ma-sá (hasta 15.00 do). Entrada: 10 €

Museo Taurino: Plaza de Maimónides; 957 20 10 56; horario: 8.45-15.15 ma-do y festivos; lu cerrado.

Entrada: 4 €; www.museotaurinode cordoba.es

Museo Torre de la Calahorra: Puente Romano. 957 29 39 29. May-sep: 8.15-14.45 todos los días; oct-abr: 8.15-20.00 ma-vi, 9.30-18.00 sá, 8.15-14.45 do y festivos. Entrada: 4,50 €

Museo Arqueológico: Plaza Jerónimo Páez 7. 957 35 55 17. Horario: igual que el Museo de Bellas Artes. Entrada: 1,50 €

Museo de Bellas Artes: Plaza del Potro 1. 957 10 36 59. Verano: 9.00-15.00 ma-do; invierno: 9.00-21.00 ma-sá (hasta 15.00 do). Entrada: 1,50 €

7 Museo Arqueológico

Se trata de un excelente museo arqueológico situado en una mansión renacentista. Una de las joyas es un cervatillo de bronce, del siglo X, hallado en Medina Azahara (ver p. 125).

(ver p. 125)

TRADICIÓN MULTICULTURAL

El esplendor de Córdoba se debe en buena parte a su rico pasado multicultural. Sus edificios más emblemáticos dan fe de la mezcla de las culturas árabe, cristiana y judía. En el siglo X, la ciudad pasó a ser el núcleo espiritual y científico del mundo occidental debido a su política de tolerancia religiosa (ver p. 42). Tras la Reconquista, muchos pensadores no cristianos fueron desterrados y la ciudad inició su declive.

(ver p. 42)

8 Puente romano

Este puente que cruza el Guadalquivir (izquierda) se construyó durante la época de los romanos. Tiene una estatua del arcángel san Rafael, que se supone que salvó a la ciudad de la peste.

9 Museo de Bellas Artes

El antiguo hospital de la Caridad, que data del siglo XVI, alberga hoy el principal museo de arte de la ciudad. Expone obras de pintores y escultores cordobeses, así como óleos y dibujos de maestros de la talla de Goya, Ribera, Murillo, Zurbarán y Valdés Leal.

6 Museo Torre de la Calahorra

La torre, parte de un castillo árabe que controlaba el acceso a la ciudad, alberga actualmente el museo Roger Garaudy de las Tres Culturas, en el que se explica cómo convivían las religiones en la Córdoba medieval, y alberga exposiciones sobre esa época (derecha). Desde la torre hay buenas vistas de la ciudad.

10 Alcázar de los Reyes Cristianos

Este palacio fortificado, construido en 1328, fue sede de la Inquisición (1500-1820) y cárcel hasta la década de 1950. Hoy es un bucólico lugar, con jardines, estanques y fuentes (izquierda). También se pueden visitar los adyacentes baños árabes.

🔟⭐ La mezquita de Córdoba

La gran mezquita de Córdoba, con 12 siglos de antigüedad, es uno de los mejores ejemplos de arquitectura islámica del mundo. La impresionante mezquita-catedral ha evolucionado a lo largo de los siglos mezclando muchos estilos arquitectónicos. La original fue construida por Abderramán I, fundador del califato de Córdoba, en el emplazamiento de una iglesia visigoda. Más tarde, durante el siglo XVI, se construyó una catedral en el corazón de la mezquita reconsagrada, bajo las órdenes del emperador Carlos V.

1 Estilo califal

La construcción de la mezquita se inició bajo las órdenes del califa Abderramán I en el año 786. Constituye el comienzo del estilo califal, que combina elementos romanos, góticos, bizantinos, sirios y persas.

2 Puerta del Perdón

Originariamente existían varias puertas para acceder a la mezquita diseñadas para permitir el paso de la luz. La puerta del Perdón (arriba) data de 1377.

3 Torre del Alminar

Era el antiguo alminar que se construyó en 957 (derecha), y que ahora está rodeado por el campanario barroco.

4 Interior

El interior de la mezquita (arriba) está dominado por un bosque de columnas (quedan en pie 856) y arcos diseñados para parecer palmeras. Al contrario que las iglesias cristianas, que siguiendo el modelo romano tienen su núcleo en torno a un altar, el objetivo de la mezquita es proporcionar espacios amplios que inviten a la reflexión y la oración.

⑤ Patio de los Naranjos

El precioso patio de los Naranjos se utilizaba para realizar el ritual de las abluciones antes de la oración.

⑥ Columnas recicladas

Para alcanzar la uniformidad del interior de la mezquita se requirieron buenas dosis de ingenio, ya que casi todas las columnas procedían de edificios romanos y visigodos. Debido a la variedad de columnas, las más largas se tuvieron que hundir en el suelo. Para alcanzar la altura deseada, se recurrió a la superposición de arcos.

⑦ Capilla de Villaviciosa y capilla Real

Entre las aportaciones cristianas más grandiosas se encuentra la capilla de Villaviciosa (arriba), construida en 1377 con arcos de estilo mudéjar. Junto a ella se ubica la capilla Real, con azulejos ornamentales.

UN LUGAR SAGRADO

La magnífica mezquita no fue el primer lugar de culto construido en este emplazamiento. El califa compró el terreno a los cristianos, quienes habían construido aquí la catedral visigótica de San Vicente. En esos años, el edificio estuvo dividido en dos para atender las necesidades de las comunidades cristiana y musulmana. A su vez, la catedral visigótica se erigió sobre un templo romano, cuyas columnas aún pueden contemplarse en el interior de la mezquita.

Mihrab ⑧

El mihrab data del siglo X y es la joya de la mezquita. Es el único en el mundo que no está dirigido a La Meca. No se ahorraron esfuerzos para llevar a cabo su profusa ornamentación. Alhakem II envió artesanos de Constantinopla que crearon el mosaico bizantino, de belleza inigualable (derecha).

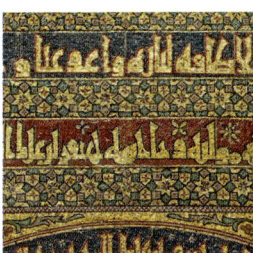

INFORMACIÓN ÚTIL

MAPA D3 ■ Calle del Cardenal Herrero 1, Córdoba ■ 957 47 05 12 ■ www.mezquitadecordoba.org

Horario Mar-oct: 10.00-19.00 lu-sá, 8.30-11.30 y 15.00-19.00 do y festivos; nov-feb: 8.30-18.00 lu-sá, 8.30-11.30 y 15.00-18.00 do y festivos

Entrada: adultos 13 €; niños (10-14) 7 €; niños menores de 10 gratis; 8.30-9.30 lu-sá gratis (salvo grupos)

■ La última admisión es 30 minutos antes de cerrar, pero la visita merece al menos una hora.

■ El Caballo Rojo (C/ Cardenal Herrero 28; 957 47 53 75) está situado frente a la puerta del Perdón. Es un restaurante muy apreciado en la ciudad, ofrece numerosos platos de influencia árabe. Merece la pena cenar en la terraza superior.

⑨ Catedral

En 1523 alrededor de 60 de sus 1.013 columnas se arrancaron del corazón de la mezquita para construir la catedral.

⑩ Sillería del coro

La sillería del coro, de estilo barroco, data de 1758 y muestra exquisitas tallas en madera de caoba.

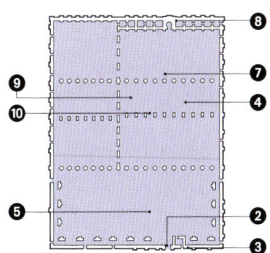

Plano de la mezquita

TOP 10 ⭐ Cádiz

La preciosa Cádiz inspiró al poeta Lord Byron, que alabó su azul celestial. Ahora es uno de los tesoros poco visitados de Andalucía. Según las antiguas crónicas, fue fundada por los fenicios con el nombre de Gadir (fortaleza) en 1104 a. C., por lo que se trata de la ciudad más antigua de Europa. Bajo dominio romano pasó a llamarse Gades, y alcanzó fama como el lugar donde Julio César desempeñó su primer cargo público.

Plano de Cádiz

3 Barrio del Pópulo

El barrio del Pópulo, que conserva sus puertas del siglo XIII, es el corazón medieval de la ciudad. El primitivo acceso a la ciudad amurallada del siglo XVIII, la puerta de Tierra *(izquierda)*, marca la frontera entre el casco antiguo y el Cádiz moderno.

1 Iglesia de Santa Cruz y teatro romano

En pleno centro del barrio del Pópulo se hallan esta iglesia, que data de 1260, y las ruinas de un teatro romano.

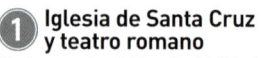

2 Hospital de Mujeres

En la capilla de este hospital barroco se halla la obra del Greco *Visión de San Francisco*.

4 Plaza de las Flores

También conocida como la plaza de Topete, esta plaza *(derecha)* era un antiguo templo fenicio.

5 Torre Tavira

La cámara oscura de esta torre, la mayor de la ciudad con 46 m, ofrece magníficas vistas *(arriba)*.

6 Oratorio de la Santa Cueva

Este templo de estilo neoclásico tiene una capilla superior con columnas jónicas. Tres frescos de Goya representan escenas de la vida de Jesucristo.

7 Catedral Nueva

La catedral Nueva *(arriba)* se comenzó en 1722. El campanario, o torre de Poniente, ofrece unas vistas inigualables de la ciudad desde arriba.

8 Museo de Cádiz

Restos arqueológicos y pintura barroca es lo más importante de este museo. La exposición incluye restos de naufragios romanos y un par de sarcófagos fenicios del siglo V a. C. con influencias griegas y egipcias.

10 Museo de las Cortes de Cádiz

Este museo posee un mural que señala a Cádiz como la cuna del liberalismo. El 29 de marzo de 1812 se proclamó en la ciudad la primera Constitución española, que tuvo influencia notable en el diseño de la política europea moderna.

9 Plaza San Juan de Dios

Esta plaza del siglo XVI *(abajo)* se ubica en el barrio del Pópulo. Está bordeada de palmeras y mira al puerto. Conforma el núcleo de la vida urbana *(p. 58)*.

LOS CARNAVALES

Los carnavales gaditanos son unos de los más deslumbrantes de toda España *(ver p. 80)*. Las comparsas cantan canciones satíricas llamadas chirigotas. Fue el único carnaval del país que el régimen de Franco no logró suprimir durante la dictadura. La tradición de esta fiesta se remonta al siglo XV, cuando la ciudad contaba con un enclave genovés, aunque hay quien opina que también posee una fuerte influencia cubana.

INFORMACIÓN ÚTIL

MAPA B5

Catedral Nueva y torre de Poniente: 956 28 61 54. 10.00-20.00 ma-sá, 13.30-20.00 do. Entrada: 7 € (catedral y torre)

Torre Tavira: C/ Marqués del Real Tesoro 10. 956 21 29 10. 10.00-18.00 todos los días (may-sep hasta las 20.00). Entrada: 7 €

Hospital de Mujeres: C/ Hospital de Mujeres 26. 956 80 70 18. 10.30-16.00 lu-vi. Entrada: 5 €

Museo de Cádiz: Plaza de Mina. 856 10 50 23. 9.00-21.00 ma-sá, 9.00-15.00 do y festivos. Entrada: 1,50 € (gratis ciudadanos UE)

■ Para los carnavales hay que reservar hotel con un año de antelación.

TOP 10 ⭐ **Ronda**

Ronda es el más famoso de los Pueblos Blancos –pueblos entre Málaga, Algeciras y Sevilla que revelan sus raíces árabes–. Ronda se sitúa en la esquina suroeste de esta zona y es la mayor población de la serranía del mismo nombre. A media hora en coche de la Costa del Sol, ha logrado preservar su encanto pese a la gran cantidad de visitantes. Su emplazamiento natural es tan espectacular que las vistas, por sí mismas, hacen de Ronda una visita obligada.

El Tajo y el puente Nuevo ①

Ronda se encarama sobre una profunda garganta llamada el Tajo, de unos 100 metros de profundidad *(derecha)*. El espectacular puente Nuevo, del siglo XVIII, une el casco antiguo de la ciudad con la zona nueva.

② **Casa del Rey Moro**

Desde esta mansión dieciochesca, construida sobre los cimientos de un palacio árabe, se aprecian vistas soberbias.

③ **Baños árabes**

Datan del siglo XIII o comienzos del XIV y están muy bien conservados *(arriba)*. Las bóvedas de cañón con tragaluces son características de estas estructuras y las columnas de ladrillo de forma octogonal, sobre las que se apoyan los arcos, son de una gran originalidad.

④ **Palacio del Marqués de Salvatierra**

La fachada de piedra tallada de esta mansión privada del siglo XVIII muestra cuatro figuras con las piernas dobladas que representan a los indios de Sudamérica.

INFORMACIÓN ÚTIL
MAPA D5

Casa del Rey Moro: C/ Cuesta de Santo Domingo 9. May-sep: 10.00-21.30 todos los días (oct-abr: hasta 20.00 todos los días). Entrada: 10 €; www.casadelreymoro.org

Baños árabes: Barrio de Padre Jesús. 656 95 09 37. 9.30-20.00 ma-vi, 10.00-14.00 y 15.00-20.00 sá y lu (hasta 15.00 do). Entrada: 4,50 €

Palacio de Mondragón: 952 87 08 18. Horario: el mismo que el de los baños árabes. Entrada: 4 €

Plaza de Toros: C/ Virgen de la Paz 15. 10.00-18.00 todos los días (mar-oct: hasta 19.00). Entrada: 9 €; www.rmcr.org

Museo Lara Coleccionismo: C/ Armiñán 29. Jun-oct: 11.00-20.00 todos los días; nov-may: hasta 19.00 todos los días. Entrada: 4 €; www.museolara.org

Iglesia de Santa María la Mayor: Plaza Duquesa de Parcent. 952 87 40 48. 10.00-20.00 lu-sá, 10.00-12.30 y 14.00-20.00 do. Entrada: 4,50 €

Páginas anteriores En bicicleta por el pintoresco paseo marítimo de Cádiz

6 Palacio de Mondragón

Es uno de los palacios más hermosos de Ronda. Data de 1314. Aún pueden contemplarse parte del mosaico original, un espléndido techo mudéjar y un sombreado patio interior *(izquierda)*. El Museo Arqueológico ocupa parte del palacio.

ORIGEN DE LA TAUROMAQUIA

La fundación de la Real Maestranza de Caballería de Ronda en 1572 fue el origen del toreo como hoy se conoce. Aquí se entrenaban en el arte de la monta los miembros de la aristocracia, quienes alanceaban a los toros desde sus caballos. Cuenta la leyenda que un jinete cayó de su montura y, cuando un toro se disponía a atacarle, un espectador distrajo al animal agitando el sombrero. El nieto de aquel caballero, el matador Pedro Romero (1749-1839), perfeccionó el arte.

Plano de Ronda

5 Puente Viejo y Puente de San Miguel

El puente Viejo data de 1616 y se cree que se trata de la reconstrucción de un puente romano, aunque también se piensa que es de procedencia árabe, como el puente de San Miguel.

7 Alminar de San Sebastián

Esta torre del siglo XIV formaba parte de una antigua mezquita sobre la que se construyó la iglesia de San Sebastián.

8 Plaza de toros

Inaugurada en 1785, la Real Maestranza de Ronda *(izquierda)* se construyó en piedra y posee bellas columnas y arcos. Es una de las plazas de toros más antiguas de toda España. Puede considerarse como la cuna del toreo moderno. El recinto también acoge el Museo Taurino.

9 Museo Lara Coleccionismo

Con más de 2.000 obras, este museo guarda la mayor colección privada de España con objetos artísticos, pero también relojes antiguos, armas e instrumentos científicos.

10 Iglesia de Santa María la Mayor

Buena parte de esta iglesia alberga una mezquita del siglo XIII, sobre todo la base del campanario mudéjar.

TOP 10 ⭐ Costa del Sol

Las localidades de la Costa del Sol, en otro tiempo pueblos de pescadores, reciben cada año a millones de turistas. El éxito radica en 320 días de sol al año, las playas y aguas cálidas, una buena selección de museos y la oferta de ocio a buen precio. Los bloques de apartamentos y las luces de neón de la actualidad tienen poco que ver con las raíces culturales de la región, pero el talante alegre de los andaluces se contagia al visitante, quien disfruta con entusiasmo tanto el día como la noche.

1 Estepona
Este centro turístico dispone de 19 km de playa y es una excelente elección para quienes busquen tranquilidad. En el casco antiguo, la plaza de las Flores preserva su encanto.

Marbella 2
La plaza de los Naranjos, del siglo XV, ocupa el corazón del casco antiguo de Marbella *(ver p. 65)*, el centro de vacaciones más lujoso de España. En Puerto Banús *(derecha)*, pueden admirarse yates fabulosos y contemplar de cerca el lujo.

5 Mijas
Merece la pena visitar este hermoso pueblo de montaña *(izquierda)* por sus vistas de la costa, el laberinto de antiguas callejuelas árabes y las numerosas plazoletas.

3 Fuengirola
Es el pueblo de vacaciones más familiar de la Costa del Sol. Cuenta con una excelente playa y un paseo marítimo. Posee un castillo árabe del siglo X.

Benalmádena 4
Cuenta con tres zonas: el casco antiguo –en el interior–, la playa y el puerto *(derecha)* y el animado Arroyo de la Miel.

6 Torremolinos

El nombre hace referencia a una atalaya árabe que estuvo rodeada por 19 molinos. La antigua torre de vigía permanece en pie, pero hoy la rodea un centro de vacaciones familiar. Alberga también la mayor escena LGTBIQ+ de la región.

7 Málaga

La segunda ciudad en tamaño de Andalucía *(arriba)* tiene sucursales del Centro Pompidou de París y del Museo Estatal de Rusia, parte de una "milla de arte". El renovado puerto de Málaga *(ver p. 104)* ofrece decenas de opciones gastronómicas, mientras que el cercano barrio del Soho lleva el arte a las calles.

8 Torre del Mar

Este pueblo costero es menos pretencioso que los que tiene al oeste. Posee una gran playa de arena bordeada por un paseo arbolado *(ver p. 65)*.

EL PROYECTO DE FRANCO

En el periodo de la dictadura de Franco, el Gobierno impulsó la construcción de urbanizaciones e infraestructuras en las zonas de playa con la idea de atraer a los turistas extranjeros. La Costa del Sol recibió a muchos de ellos atraídos por el *glamour* de los veraneantes de la alta sociedad y lo económicos que resultaban los viajes organizados. Tanta afluencia derivó en un caos urbanístico y medioambiental. Desde los años 80 se están tomando medidas para solucionarlo.

9 Vélez-Málaga

Este pueblo tiene hermosos elementos mudéjares y un animado concurso de guitarra flamenca en julio.

10 Nerja

La elegante y encalada Nerja *(arriba)* se encuentra en un hermoso acantilado verde que tiene abajo una tranquila cala *(ver p. 65)*.

Mapa de la Costa del Sol

Estepona · Puerto Banús · Marbella · Mijas · Benalmádena · Fuengirola · Torremolinos · Málaga · Vélez-Málaga · Torrox · Torre del Mar · Nerja

---

INFORMACIÓN ÚTIL

MAPA D5-E5

Estepona: oficina de turismo, plaza de las Flores. 952 80 20 02

Marbella: oficina de turismo, glorieta de la Fontanilla s/n. 952 76 87 60

Fuengirola: oficina de turismo, plaza Theresa Zabell 32. 952 46 74 57

Benalmádena: oficina de turismo, avda. Antonio Machado 10. 952 44 24 94

Mijas: oficina de turismo, plaza Virgen de la Peña 2. 952 58 90 34

Torremolinos: oficina de turismo, paseo Marítimo de la Carihuela. 608 20 88 71

Málaga: oficina de turismo, plaza de la Marina 11. 951 92 60 20

Nerja: oficina de turismo, calle Carmen 1. 952 52 15 31

TOP 10 ⭐ Baeza y Úbeda

Estas dos localidades de la provincia de Jaén, separadas tan solo por 9 km, son dos tesoros arquitectónicos que han sido declarados Patrimonio de la Humanidad por la Unesco en 2003. Baeza ha conseguido mantenerse prácticamente al margen de la vida moderna, mientras que Úbeda es actualmente una ciudad próspera que ofrece muchas actividades de temporada. Su magnífico centro histórico es espectacular.

Plaza del Pópulo, Baeza ①

Se trata de la plaza más hermosa de la ciudad, con edificios renacentistas. También es conocida como plaza de los Leones, ya que la fuente muestra cuatro leones de piedra y una figura femenina (derecha).

② Puerta de Jaén, Baeza

La Puerta de Jaén, parte de la antigua muralla, soporta un arco adicional adornado con un escudo de armas.

③ Plaza Santa María y catedral, Baeza

Esta plaza está rodeada por varios edificios magníficos que se remontan al siglo XVI. La catedral, una de las obras cumbre del arquitecto renacentista Andrés de Vandelvira, fue en su origen una iglesia gótica, construida en el siglo XIII sobre una mezquita.

④ Paseo de la Constitución, Baeza

En este paseo se halla la alhóndiga del siglo XVI, cuya fachada tiene tres hileras de arcos. La torre de los Aliatares es un vestigio de la antigua muralla (ver p. 59).

⑤ Palacio de Jabalquinto, Baeza

Este hermoso palacio del siglo XV (izquierda) cuenta con una ornamentación ciertamente singular. La fachada, de estilo plateresco isabelino, está salpicada de escudos de armas y adornos de piedra (ver p. 47).

6 Plaza de San Lorenzo, Úbeda

La Casa de las Torres posee dos grandes torres cuadradas con gárgolas, y la iglesia de San Lorenzo está situada en el parapeto de la antigua muralla.

7 Plaza de San Pedro, Úbeda

Merece la pena visitar el patio del Real Monasterio de Santa Clara, la iglesia más antigua de la ciudad *(derecha)*, donde las religiosas venden dulces caseros de herencia árabe. El palacio de la Rambla es otra obra de Vandelvira; hoy acoge un pequeño hotel de lujo *(ver p. 145)*.

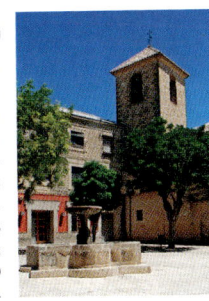

ARQUITECTURA DEL RENACIMIENTO ESPAÑOL

La arquitectura renacentista española se divide en tres periodos: plateresco, alto Renacimiento y herreriano. El primero hace referencia a las filigranas talladas en la plata y supone una evolución del estilo gótico tardío favorecido bajo el reinado de Isabel I. El alto Renacimiento destaca por su simetría e imaginería grecorromana. Las obras herrerianas son sobrias y prácticamente carentes de decoración.

10 Plaza de Vázquez de Molina, Úbeda

En esta plaza destaca la capilla del Salvador *(abajo)*. La fachada plateresca marca un hito en el Renacimiento español *(ver p. 45)*.

8 Barrio de San Millán, Úbeda

Al atravesar la puerta del Losal, una espléndida estructura mudéjar del siglo XIII, se llega al antiguo barrio de San Millán *(ver p. 128)*. En sus calles, artesanos de renombre de toda España ejercen su antiquísimo oficio *(arriba)*.

9 Plaza del Primero de Mayo, Úbeda

Entre las joyas arquitectónicas de la plaza se encuentran la iglesia de San Pablo –que despliega diversos estilos–, la Casa Mudéjar del siglo XV –hoy Museo Arqueológico– y el ayuntamiento Viejo, del siglo XVI, con una magnífica arquería.

INFORMACIÓN ÚTIL
MAPA F2

Baeza: oficina de turismo, casa del Pópulo, plaza del Pópulo. 953 77 99 82. 9.00-19.30 lu-vi, 9.30-15.00 sá, do y festivos; www.ubedaybaezaturismo.com

Úbeda: oficina de turismo, plaza de Andalucía 5.

953 75 01 38. 9.00-19.30 lu-vi, 9.30-15.00 y 17.00-19.30 sá, do y festivos; www.turismo deubeda.com

....

■ En Úbeda, merece la pena disfrutar de una bebida en el patio del magnífico parador Condestable Dávalos, del siglo XVI *(ver p. 142)*.

■ El restaurante Juanito de Baeza *(Avda. del Alcalde Puché Pardo 57, 953 74 00 40)* es un buen referente culinario de la zona.

■ Los alfareros de Úbeda se localizan en la calle Valencia. Hay que buscar el taller de la familia Tito, los ceramistas más sobresalientes.

TOP10 ★ Parque Nacional de Doñana

El Parque Nacional de Doñana, que se estableció en 1969, es un importante humedal fundamental para las aves migratorias. Cubre más de 2.470 km², y su amplia variedad de ecosistemas, su rara fauna y la abundancia de aves son tan vitales para la estabilidad ambiental del occidente de Europa que fue designado Reserva de la Biosfera por la Unesco. Desvela sus maravillas naturales poco a poco, pero un viaje al oeste de Andalucía no está completo si no se viene a este lugar.

1 Entorno e historia
Está situado en la desembocadura del Guadalquivir. Posiblemente, el parque debe su impecable conservación al hecho de que en el siglo XVI la zona se reservó como coto de caza para la nobleza.

4 Hábitat
El parque tiene tres ecosistemas diferentes: las dunas *(izquierda)*, los cotos (pinar, alcornocal y matorral) y la marisma. La marisma se divide a su vez en lucios, caños, ojos, paciles y vetas.

Cigüeñas volando sobre el humedal de Doñana

2 Visitas con guía
Los recorridos en todoterreno parten de los centros de visitantes. Hay dos visitas al día. En verano los pantanos se secan, lo que limita la observación de aves, pero existen más posibilidades de contemplar mamíferos en peligro de extinción.

5 Fauna
El lince ibérico *(derecha)*, en grave peligro de extinción, es el emblema del parque. Aquí anidan por los menos 300.000 aves, entre ellas el flamenco y el calamoncillo americano y las 25 parejas de águilas imperiales que sobreviven aquí.

3 Romería del Rocío
La Aldea del Rocío *(abajo)* acoge una de las romerías más importantes de España. Los romeros atraviesan el parque de Doñana en su peregrinaje de cuatro días que concluye en Pentecostés. Acuden miles de personas (ver p. 80).

6 Centros de visitantes
Los centros, como el de La Rocina, cuentan con exposiciones, senderos a observatorios ornitológicos y zonas de descanso.

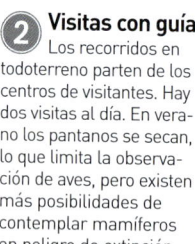

Flora 7

El pino piñonero y el alcornoque son abundantes y ofrecen crucial alojamiento a numerosas especies de aves. La flora de las dunas y la zona de matorral incluyen aulaga, centaura real, camarina y jaguarzo (derecha).

DESASTRE ECOLÓGICO

En 1998 se produjo la rotura de la presa de la mina de Aznalcóllar y como consecuencia el río Guadiamar, importante subafluente de las marismas, se inundó de agentes contaminantes. Afortunadamente, fue posible detener la oleada de ácidos y metales antes de que alcanzara el parque, pero las zonas limítrofes quedaron afectadas. En la actualidad, la sequía y los pozos ilegales amenazan el ecosistema del parque.

10 Refugios para aves

El centro de visitantes El Acebuche está situado en una laguna. Dispone de un aviario donde las aves rescatadas reciben cuidados intensivos. Este refugio ofrece la oportunidad de contemplar algunos ejemplares raros.

8 Palacio de Acebrón

Este edificio de corte neoclásico se construyó en 1961 y alberga una exposición sobre la historia y la geografía de la zona. Desde la planta superior se obtienen excelentes vistas. Desde aquí parte un sendero de 12 km.

9 Chozas

Las chozas tradicionales (derecha) datan del siglo XVIII y salpican la zona de pinares. A veces se encuentran agrupadas formando poblados. Están construidas de pino y la techumbre es de paja.

INFORMACIÓN ÚTIL

MAPA B4 ■ Reservas para excursiones en 4x4: 959 44 24 74

Doñana Reservas: 959 44 24 74; www. donanareservas.com; dos recorridos diarios, los horarios varían; visitas guiadas: 30 € adultos, 15 € menores de 10 años

El Rocío Turismo: C/ Muñoz Pavón. 959 02 66 02

Centro de Visitantes El Acebuche: Ctra. A483, a 3 km de Matalascañas. 959 43 96 29

Centro de Información La Rocina: Ctra. A483, a 27 km de El Rocío. 959 43 95 69. 9.00-15.00 y 16.00-18.00 todos los días (feb-oct: hasta 19.00; med jun-med sep: hasta 15.00 do)

■ Conviene traer prismáticos, antimosquitos, protección solar y calzado confortable. Cuidado con las arenas movedizas.

■ Para el Rocío se necesita un saco de dormir y comida.

🔟 ⭐ Sierra Nevada

Cuenta con el pico más alto de la península ibérica (Mulhacén), y es la segunda cordillera más alta de Europa, después de los Alpes. Hasta el siglo XX solo era frecuentada por los neveros, quienes recogían bloques de hielo que vendían en la cercana Granada, y durante años, en los recorridos turísticos por la región, solo sirvió de hermoso telón de fondo para la Alhambra. Actualmente recibe visitas continuas y ha pasado a ser uno de los espacios más visitados para la práctica del esquí y el senderismo. Puede recorrerse el bello conjunto de pueblos que conforman las Alpujarras. La zona fue declarada Parque Nacional en 1999.

Entorno ①
Esta cordillera acoge el pico más alto de la Península, el Mulhacén (3.478 metros), en el extremo occidental *(derecha)*. En el sur se encuentran fértiles valles.

② Flora y fauna
Estas alturas son ricas en flores silvestres y cuentan con 60 especies endémicas, como la madreselva gigante. Entre la fauna se incluye el íbice y el águila real.

③ Puerto del Suspiro del Moro
Al tomar la carretera N323 en dirección sur desde Granada se llega al Suspiro del Moro. Cuenta la leyenda que en este altozano el rey árabe Boabdil, destronado por los cristianos, se volvió para contemplar por última vez su amada ciudad.

④ Barranco de Poqueira
Este imponente barranco acoge un hermosísimo conjunto de pueblos. Favorecido por los amantes de la tranquilidad, este remoto lugar cuenta con un monasterio budista, fundado en 1982. El barranco es ideal para pasear. En los pequeños pueblos se puede adquirir artesanía tradicional.

⑤ Las Alpujarras
En la ladera meridional de Sierra Nevada se encuentra esta bella comarca salpicada de Pueblos Blancos *(izquierda)*. La arquitectura vernácula es puramente árabe. Las casas, de techos planos, se apiñan en racimos unidos por pequeños puentes.

8 Esquí

Sierra Nevada es la estación de esquí más alta y meridional de Europa, y funciona de diciembre a abril o mayo. Sus excelentes pistas e instalaciones *(izquierda)* acogieron el campeonato del mundo de esquí alpino.

9 Valle de Lecrín

Está cubierto de olivos, almendros, naranjos y limoneros. Los almendros en flor brindan un panorama de belleza inigualable.

Senderismo 10

Aunque una carretera recorre el macizo, las cotas más altas se cerraron al tráfico en enero de 1999, tras ser declarado Parque Nacional. En verano, Sierra Nevada es el paraíso del montañero *(derecha)*. El ascenso al Veleta, segundo pico de la sierra (3.392 m), es relativamente sencillo y se hace en 5 horas.

BRENAN Y EL SUR DE GRANADA

En la década de 1920 el escritor Gerald Brenan, miembro del grupo de Bloomsbury, trasladó su residencia al pueblo de Yegen, en las Alpujarras orientales. Una placa señala la casa en la que vivió. Brenan recogió sus experiencias en su obra *Al sur de Granada*, maravillosa evocación de la provincia y sus habitantes. En 2002 Fernando Colomo rodó una película basada en el libro, excelente y fiel versión de la obra del autor británico.

6 Órgiva

Esta localidad es la mayor de la zona y ejerce de capital de las Alpujarras desde 1839. Los martes se instala un animado mercado donde se venden productos artesanos tradicionales *(arriba)*.

7 Lanjarón

Es famoso desde tiempos romanos por sus manantiales de aguas curativas; hoy es un moderno balneario. Se pueden contemplar las ruinas de un castillo árabe desde donde las vistas del desfiladero son espectaculares.

INFORMACIÓN ÚTIL

MAPA F4 ■ Parque Nacional de Sierra Nevada ■ Ctra. A 395, dirección Pradollano, km 23, 18196 Güejar Sierra ■ 958 98 02 46

Sierra Nevada (esquí): Plaza de Andalucía 4, Monachil. 902 70 80 90. www.sierranevada.es

■ **Merece la pena probar el jamón de Trevélez.**

■ **Los protectores solares son esenciales en la montaña. Los senderistas y montañeros necesitan prendas y calzado adecuados, agua y algo de comida.**

■ **Las gasolineras en las Alpujarras son escasas. Si se llega desde el oeste, Órgiva es un buen lugar para repostar.**

■ **Hay buenas vistas de Sierra Nevada desde la Torre de la Vela en la Alhambra *(ver pp. 12-13)*.**

Lo mejor de Andalucía y la Costa del Sol

**Patio de las Doncellas,
Real Alcázar, Sevilla**

TOP 10 Hitos históricos

1 La Edad del Bronce
La civilización ibera o tartesia se inició hacia 2500 a. C., a partir de la elaboración y utilización del bronce en Andalucía. Algunas tribus construyeron los dólmenes megalíticos más antiguos de Europa.

2 Colonias griegas y fenicias
Atraídos por la riqueza mineral de la zona, en 1100 a. C. los fenicios fundaron un puerto comercial en lo que hoy es Cádiz, mientras que los griegos establecieron un asentamiento cerca de Málaga en 636 a. C. Ambos pueblos mantuvieron una rivalidad comercial hasta que Cartago, antigua colonia fenicia, se hizo con el control de la región.

3 Hispania romana
Itálica (ver p. 97), fundada en 206 a. C., es el asentamiento romano más antiguo de la Península. Roma arrebató toda la zona a los cartagineses en 206 a. C. Debido a la riqueza de sus recursos naturales, la Bética fue una de las zonas más acaudaladas del Imperio.

4 Visigodos y árabes
Unos 700 años más tarde, con la caída del Imperio Romano, algunos pueblos procedentes del norte de Europa se instalaron en la Península. Los vándalos silingos y más tarde los visigodos gobernaron durante tres siglos. Las constantes luchas por el poder debilitaron el reino de los visigodos y favorecieron la entrada de los musulmanes en 711.

5 Refinamiento árabe
Los árabes fueron guardianes de lo mejor de la civilización romana: pensamiento científico y filosófico, maestría en el arte de la construcción y refinamiento cultural (ver pp. 48-49). En el siglo X, bajo el califato de Abderramán III, Córdoba fue la ciudad más grande y rica de Europa.

La mezquita de Córdoba

6 La Reconquista
La disgregación del califato de Córdoba en 1031 marcó el principio del fin del dominio árabe. Los 24 reinos de taifas, enfrentados por la hegemonía política, no lograron evitar que los cristianos les arrebataran el poder. La toma de Granada en 1492 supuso la derrota definitiva de los musulmanes.

Anfiteatro romano de Itálica

Guerra Hispano-Estadounidense

7 Pérdida de las colonias

La pérdida de las colonias españolas se inició después de la guerra de Sucesión (1701-1715) y acabó con la independencia de Cuba en 1898 tras la guerra Hispano-Estadounidense. En Andalucía, el prolongado declive tuvo como resultado la pobreza y la emigración.

8 Franco y la Guerra Civil

La Guerra Civil (1936-1939) se inició tras el golpe militar liderado por el general Francisco Franco contra la Segunda República. El 18 de julio de 1936 estalló la guerra con la sublevación de las tropas de las colonias españolas en Marruecos. Posteriormente la guerra se extendió por Andalucía.

9 Expo '92, Sevilla

La exposición universal de 1992 celebró los 500 años de la expedición marítima a América. Trajo importantes mejoras urbanísticas en Sevilla y más de 42 millones de visitantes, pero dejó una situación de bancarrota. Tras más de una década de dificultades, los numerosos esfuerzos han redundado en un nuevo *boom* del turismo.

10 Andalucía en la actualidad

Andalucía, la región más poblada de España, se enfrenta a crecientes retos ecológicos a medida que se agrava la crisis climática. Estas cuestiones fueron cruciales durante las elecciones autonómicas de 2022, donde el Partido Popular obtuvo por primera vez en la democracia española mayoría absoluta en Andalucía.

TOP 10: PERSONAJES HISTÓRICOS EN ANDALUCÍA

1 Melkart
El Hércules fenicio quien, según la leyenda, fundó Andalucía.

2 Trajano
Uno de los grandes emperadores romanos (98-117), nacido en Itálica.

3 Adriano
Sucesor de Trajano (117-138). Fue un excelente constructor y enfatizó las raíces griegas del estilo clásico romano.

4 Abderramán III
Abderramán III (912-961), emir de Siria, estableció un enorme califato.

5 Isabel y Fernando
Los Reyes Católicos (1479-1516) sentaron las bases de la unidad política de España.

6 Boabdil
El último rey moro (r. 1482-1492) entregó la ciudad de Granada a los Reyes Católicos.

7 Emperador Carlos V
Su reinado (1516-1556) dejó a España casi en bancarrota, pero con un importante legado cultural, como su palacio en Granada (*ver p. 12*).

8 Felipe V
Felipe V (1700-1746) estableció su corte en Sevilla hasta que el archiduque Carlos de Austria reclamó el trono y estalló la guerra de Sucesión.

9 Felipe González
Natural de Sevilla, fue líder del PSOE y presidente del Gobierno de España entre 1982 y 1996.

10 María Soledad Becerril
Becerril (1944) fue la primera mujer elegida Defensora del Pueblo en 2012.

Boabdil en la Alhambra, 1492

TOP 10 Lugares de culto

① Mezquita de Almonaster la Real

MAPA B3 ▪ Ayuntamiento ▪ 959 14 30 03 ▪ Horario: 9.00-20.30 todos los días

Prácticamente inalterada durante 10 siglos, es una de las escasas mezquitas rurales que siguen en pie en Andalucía *(ver p. 56)*. Cuenta con el mihrab más antiguo de España.

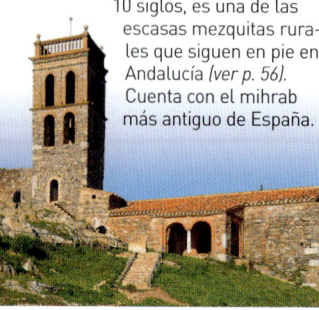

Mezquita de Almonaster la Real

② Colegiata de Santa María de la Asunción, Osuna

Desde la cima de una colina, este enorme templo del Renacimiento español domina la ciudad *(ver p. 96)*. En su austera fachada destaca un soberbio pórtico plateresco, la Puerta del Sol. El interior alberga lienzos de José de Ribera, una estatua de la Crucifixión de Juan de Mesa, bellísima ornamentación renacentista y un precioso retablo barroco.

③ Oratorio de San Felipe Neri, Cádiz

MAPA B5 ▪ Plaza San Felipe Neri ▪ 662 64 22 33 ▪ Horario: 10.30-16.00 lu-vi, 9.00-14.00 sá, 10.00-12.00 do ▪ Se cobra entrada

Como revelan las placas conmemorativas que adornan la fachada, esta hermosa iglesia barroca es uno de los edificios más significativos de España. El 29 de marzo de 1812 las Cortes de Cádiz desafiaron el asedio de las tropas napoleónicas y se reunieron aquí para redactar la primera Constitución española.

④ Monasterio de San Jerónimo, Granada

MAPA F4 ▪ C/ Rector López Argueta 9 ▪ 958 27 93 37 ▪ Horario: mar-ago: 10.00-13.30 y 16.00-19.30 todos los días; sep-feb: 10.00-13.00 y 15.00-18.30 lu-sá ▪ Se cobra entrada

Esta obra del Renacimiento es en gran parte creación de Diego de Siloé. El ventanal superior de la fachada está flanqueado por medallones y sinuosos animales mitológicos. El interior alberga un complejo y monumental altar con altorrelieves.

Monasterio de San Jerónimo, Granada

Arcos de la mezquita de Córdoba

reliquia del Santo Rostro de Cristo se presenta ante los fieles, quienes aguardan para besarla. Se cree que es el paño utilizado por santa Verónica para enjugar la faz de Jesucristo camino al Calvario: el Santo Rostro quedó impreso de forma milagrosa.

⑧ Catedral de Sevilla
La obra maestra de la arquitectura sevillana es su imponente catedral. El interior acoge altísimas columnas, obras de arte de gran valor y el retablo mayor del mundo *(ver pp. 18-19)*.

⑨ Capilla Real y catedral, Granada
Aunque no exentas de belleza, ambas construcciones *(ver p. 116-117)* evocan en mayor medida el triunfo cristiano y el ego de la realeza que la auténtica espiritualidad. En la capilla Real descansan los restos de los Reyes Católicos. En el Museo de la Sacristía se exponen pinturas de artistas del siglo XV, como Juan de Flandes y Sandro Botticelli.

⑤ La mezquita de Córdoba
Esta mezquita *(ver pp. 24-25)* se consagró al cristianismo de forma algo brusca, pero aún se pueden contemplar los mosaicos bizantinos y otros elementos de gran belleza.

⑥ Iglesia de San Mateo, Lucena
MAPA E3 ▪ Horario: 7.30-13.30 y 19.00-21.00 todos los días
Sorprende encontrar una de las obras maestras del rococó andaluz en esta localidad industrial, en especial porque Lucena adquirió fama como enclave judío prácticamente independiente durante la hegemonía árabe. La joya de esta iglesia del siglo XV es la hermosa sacristía octogonal del siglo XVIII y la ornamentación de la bóveda.

⑦ Catedral de Jaén
La catedral fue obra del célebre arquitecto renacentista Andrés de Vandelvira *(ver p. 127)*, si bien la fachada occidental se diseñó más tarde y fue decorada con esculturas barrocas de Pedro Roldán. Todos los viernes, de 10.30 a 12.00 y de 17.00 a 18.00, la venerada

Interior de la catedral de Granada

⑩ Çapilla del Salvador, Úbeda
Diseñada por Siloé y Vandelvira, esta obra maestra de estilo renacentista andaluz fue encargada como panteón familiar y hoy sigue en manos privadas *(ver p. 35)*. La sacristía, que luce columnas con cariátides y atlantes, es la pieza estelar. Albergó una escultura de Miguel Ángel, que lamentablemente quedó destrozada durante la Guerra Civil.

TOP 10 Alcázares, palacios y castillos

1 **El Real Alcázar de Sevilla**
Este majestuoso conjunto de palacios y jardines *(ver pp. 20-21)* constituye todo un universo de lujo. La arquitectura combina elementos árabes; destaca la profusa utilización de arcos de herradura, azulejería y techos de madera.

2 **Palacio de las Dueñas, Sevilla**
PLANO M1 ■ C/ Dueñas 5 ■ Horario: 10.00-18.00 todos los días (verano: hasta 20.00) ■ Se cobra entrada ■ www.lasduenas.es

Construido entre los siglos XV y XVI, este lujoso palacio es la residencia oficial del duque de Alba. Además de su magnífica arquitectura, también alberga una enorme colección de arte y un bonito jardín.

3 **Fortaleza de la Mota, Alcalá la Real**
MAPA E3

Corona el cerro de la Mota sobre Alcalá la Real *(ver p. 127)*. Antigua fortaleza musulmana en el siglo VIII, con estructuras del siglo XII y anteriores. Tras la toma de la ciudad por Alfonso XI en 1341 *(ver p. 42)*, la ampliación del castillo continuó hasta el siglo XVI. La fortaleza alberga el Centro de Interpretación de la Vida en la Frontera.

Fortaleza de la Mota, Alcalá la Real

Azulejos decorativos, Casa de Pilatos

4 **Casa de Pilatos, Sevilla**
Pocas mansiones son tan opulentas como el palacio de Medinaceli, de los siglos XV y XVI *(ver p. 85)*. Combina estilos mudéjar, gótico y renancentista. Residencia de nobles, el interior alberga esculturas griegas (como la diosa Palas del siglo V a. C.) y romanas, retratos de familia y antigüedades.

5 **Palacio del Marqués de la Gomera, Osuna**
MAPA D4 ■ C/ San Pedro 20 ■ 954 81 26 32

Este palacio del siglo XVIII es un ejemplo sobresaliente del barroco español. El escudo de armas familiar corona la puerta, con elaboradas columnas. Hoy en día el palacio acoge un conocido hotel y restaurante.

Palacio de Jabalquinto, Baeza

6 Palacio de Jabalquinto, Baeza

La fachada de este palacio del siglo XV (*ver p. 34*) desafía cualquier clasificación, mientras que la galería evoca el estilo renacentista, como el patio.

7 Castillo de Santa Catalina, Jaén

MAPA F3 ▪ Horario: jul-med sep: 10.00-14.00 y 17.00-21.00 lu-sá; med sep-jun: 10.00-18.00 lu-sá; ene-dic: 10.00-15.00 do ▪ Se cobra entrada (gratis 17.00-21.00 mi) ▪ www.castillosantacatalina.es

Este castillo del siglo XIII, restaurado por los cristianos, se alza sobre la ciudad y brinda espectaculares vistas.

8 Castillo de Burgalimar, Baños de la Encina

MAPA F2 ▪ Cerro del Cueto, plaza de Santa María 1 ▪ Los horarios varían, consultar la web ▪ Se cobra entrada ▪ www.bdelaencinaturismo.com

Este castillo árabe es uno de los que mejor se han conservado de Andalucía.

Se construyó en el año 967, según reza una inscripción en la entrada principal, con arcos de herradura. Las 14 torres cuadradas proporcionan excelentes vistas.

9 Castillo de La Calahorra

MAPA F4 ▪ 958 67 70 98 ▪ Horario: 10.00-13.00 y 16.00-18.00 mi ▪ Se cobra entrada

Uno de los escasos castillos erigidos tras la Reconquista. Fue también uno de los primeros en España en construirse según el estilo del Renacimiento italiano. El patio interior es exquisito.

Castillo de Vélez Blanco

10 Castillo de Vélez Blanco

MAPA H3 ▪ 607 41 50 55 ▪ Horario: 10.00-14.00 y 16.00-18.00 mi-do (may-sep: 17.00-20.00)

De estilo renacentista, tiene la grandiosidad propia de un castillo de cuento de hadas. Su decoración se vendió hacia 1900, pero la reconstrucción de uno de los patios aporta una idea de su esplendor.

TOP 10 El legado árabe

1 Tolerancia religiosa
Aunque los no musulmanes tenían que pagar un impuesto especial y vestir ropas distintivas, la política árabe hacia los judíos y cristianos era por lo general tolerante. La represión se intensificó cuando los almohades tomaron el poder en el siglo XII, pero durante siglos los tres credos convivieron integrados.

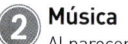

Maimónides

2 Música
Al parecer, la guitarra *(ver pp. 50-51)* proviene del laúd asirio y llegó a España en tiempos de la dominación árabe. Las formas musicales de Oriente Próximo influyeron en el flamenco.

3 Jardines
En el jardín árabe se utiliza de forma primordial el agua, de vital importancia para un pueblo procedente de tierras áridas. Construyeron fuentes, canales, acequias y cascadas que deleitaban la vista y el oído. El jazmín, la madreselva y la rosa son algunas de las flores que los árabes trajeron a la región.

4 Filosofía
El árabe Averroes y el judío Maimónides fueron dos de los pensadores más avanzados de su época. El primero trató de armonizar la filosofía aristotélica con la revelación islámica; las obras del segundo buscaban la reconciliación entre la fe y la razón.

5 Artesanía
El cuero repujado de Córdoba, las joyas de filigrana en plata y oro, la seda, las prendas bordadas, los azulejos y la marquetería deben su existencia a la hegemonía árabe de ocho siglos.

6 Agricultura
Los árabes fueron maestros en lo referente a la agricultura y heredaron numerosas técnicas de los romanos. El sistema que establecieron contaba con tres elementos principales: el acueducto, la rueda hidráulica y los canales de irrigación. De este modo, lograron cultivar vastas áreas, a menudo con un ingenioso sistema de bancales. Introdujeron numerosos cultivos, como naranjas, limones, almendras, arroz, algodón, espárragos y moreras (para alimentar a los gusanos de seda).

Jardines del Partal en la Alhambra

Caligrafía árabe, la Alhambra

7 Arte y arquitectura

La cúpula, el arco de herradura y los motivos geométricos son característicos del arte árabe. A menudo se incorporan citas del Corán y poemas. El objetivo era invitar al observador a reflexionar sobre la unidad de todas las cosas bajo la gloria de Alá, cuyo poder y perfección nunca podrían ser igualados por los logros del hombre.

8 Ciencia

Los científicos árabes destacaron en los campos de la metalurgia, zoología, botánica, medicina y matemáticas. Los inventores musulmanes crearon instrumentos revolucionarios, como el astrolabio y el cuadrante, esenciales para la navegación. Se introdujo la numeración árabe, el álgebra (de *al-jebr*, "reunión de partes dispersas") y el algoritmo.

Un astrolabio de latón

9 Cocina

Las sencillas comidas anteriores a la ocupación árabe, elaboradas con trigo, uvas y aceitunas, dieron paso a una explosión de sabores como el de las almendras, el azafrán, la nuez moscada, la pimienta y otras especias.

10 Lenguaje

En el español moderno abundan términos cotidianos de herencia árabe. Muchas palabras con el prefijo al- (como almohada, alfombra o algodón) tienen origen árabe.

TOP 10: ENCLAVES ÁRABES

1 La Granada árabe
El espectacular palacio de la Alhambra es la joya de la herencia árabe en España. El adyacente Generalife muestra majestuosos jardines (*ver pp. 12-15*).

2 Vejer de la Frontera
El más árabe de los Pueblos Blancos (*ver p. 57*).

3 La mezquita de Córdoba
Marcó el comienzo del estilo artístico conocido como califal (*ver pp. 24-25*).

4 Baños árabes, Ronda
Presentan arcos de herradura, característicos de la arquitectura árabe (*ver p. 30*).

5 Medina Azahara, Córdoba
Lamentablemente en ruinas, en su día fue un espléndido palacio que reflejaba el esplendor de la ciudad en el siglo X (*ver p. 125*).

6 Almonaster la Real
Su mezquita es una de las más bonitas de Andalucía. El alminar brinda espléndidas vistas (*ver p. 98*).

7 Alcazaba, Almería
Uno de los más imponentes castillos musulmanes que siguen en pie (*ver p. 119*).

8 Alcazaba, Málaga
Aún pueden contemplarse restos de los muros árabes originales y la torre (*ver p. 104*).

9 Las Alpujarras
La arquitectura de esta comarca muestra su herencia árabe (*ver pp. 38-39*).

10 El Real Alcázar de Sevilla
Las torres y el pórtico de la fachada muestran su origen árabe (*ver pp. 20-21*).

Azulejos árabes, Real Alcázar

🔟 Elementos del flamenco

Baile flamenco, estrechamente asociado con Andalucía

① Orígenes

El flamenco tiene una historia rica y compleja. No documentado hasta el siglo XIX, se cree que procede de una mezcla de las culturas árabe, judía y gitana de Andalucía. La forma más pura del flamenco, conocida como cante jondo, se originó en la zona geográfica comprendida entre Cádiz, Jerez y Sevilla. Según el folclorista español Manuel García Matos, el término *flamenco* procede del argot y significa "llamativo" u "ostentoso".

② Baile

El baile está cargado de intensa pasión y duende (un estado trascendente de inspiración). Son evidentes las similitudes entre danzas de oriente medio y el norte de África. Pero los rápidos ritmos en *staccato*, combinados con gestos expresivos de manos y brazos, claramente se parecen a la danza *kathak* del norte de la India.

③ Cante flamenco

El cante flamenco es una música fervorosa y rítmica, llena de sentimiento y catarsis. Se puede clasificar en tres tipos: cante jondo, una canción profundamente emocional de angustia y desesperación; cante intermedio, que combina elementos de estilos musicales españoles, y cante chico, una canción ligera y alegre que celebra la vida.

④ Guitarra

La guitarra española o flamenca, de seis cuerdas, tiene sus orígenes en el laúd medieval. Comparada con la guitarra clásica, es más ligera y estrecha, y menos resonante, lo que permite mayor agilidad en la ejecución. Se colocan placas en la tapa superior para protegerla de los golpes del toque flamenco.

⑤ Cajón

En 1977, el célebre artista flamenco Paco de Lucía descubrió el cajón peruano durante una gira. Una especie de cajón que produce un sonido similar al del taconeo de una bailaora, se incorporó a la música de Paco de Lucía y se ha convertido en un elemento básico del flamenco desde entonces.

⑥ Palmas y pitos

Las palmas marcan el ritmo de las canciones y los bailes. Hay dos estilos: fuertes, que se utilizan en las piezas más ruidosas, y sordas, para un acompañamiento más tranquilo. Los pitos (chasquidos de dedos) también pueden marcar el ritmo en momentos concretos.

7 Atuendo

Los trajes de flamenca suelen llevar elaborados volantes, pañuelos con flecos y accesorios para el pelo, como rosas. Los vestidos con largos volantes se llaman bata de cola y requieren una técnica especial para bailar con ellos. Los bailaores suelen llevar chaleco y camisa de vestir con pantalones ajustados y botas.

8 Sevillanas

Las sevillanas tienen su origen en el baile de la seguidilla, que aún existe en la región de Castilla. En el siglo XIX, este enérgico baile se impregnó del espíritu flamenco y se convirtió en una danza popular que hoy predomina en las fiestas andaluzas. Las sevillanas constan de cuatro partes y se bailan en parejas, con giros de paso y elaborados movimientos de brazos y manos, acompañados por la guitarra, el cajón, las castañuelas y las palmas.

9 Leyendas del flamenco

Algunas de las figuras más sobresalientes del cante flamenco han sido Camarón de la Isla, El Fillo y La Niña de los Peines; como guitarrista destaca Paco de Lucía y como bailaoras La Macarrona y Carmen Amaya.

Camarón de la Isla y Tomatito

10 Espectáculos

El flamenco puede disfrutarse en una gran variedad de lugares, desde teatros a tablaos e incluso cuevas rústicas, con actuaciones profesionales bien coreografiadas. Para algo más espontáneo, se puede acudir a una peña (asociación cultural dedicada al flamenco) o a un íntimo bar flamenco.

TOP 10: ESCENARIOS DE FLAMENCO

Músicos en el Tablao El Arenal

1 Tablao El Arenal, Sevilla
PLANO L4 ▪ C/ Rodo 7
▪ www.tablaoelarenal.com
Espectáculos de primera.

2 Peña La Bulería, Jerez
MAPA B5 ▪ C/ Empedrada 20
▪ 856 77 20 53
Recibe su nombre del estilo de flamenco que se originó en Jerez.

3 Museo de Baile Flamenco
MAPA B5 ▪ www.museodebaile
flamenco.com
Espectáculos en un entorno íntimo.

4 Taberna Flamenca La Cava, Cádiz
MAPA B5 ▪ C/ Antonio López 16,
Cádiz ▪ flamencolacava.com
Taberna tradicional donde disfrutar del flamenco.

5 Puro Arte
MAPA B5 ▪ Calle Madre de Dios 10,
Jerez de la Frontera ▪ 660 03 04 20
Previa reserva para ver a artistas consagrados.

6 Casa de la Memoria, Sevilla
Museo, galería y centro cultural (ver p. 91).

7 Tablao Flamenco Cardenal, Córdoba
MAPA D3 ▪ C/ Buen Pastor 2
▪ www.tablaoflamencocardenal.es
En un palacete del siglo XVIII.

8 Venta El Gallo, Granada
MAPA F4 ▪ Barranco de los Negros 5
▪ www.cuevaventaelgallo.es
Actuaciones profesionales.

9 La Peña Platería, Granada
MAPA F4 ▪ Placeta de Toqueros 7
▪ www.laplateria.org.es
Una de las peñas más antiguas de España.

10 La Canastera, Almería
MAPA G4 ▪ C/ Cordoneros 5 ▪ 662 14 32 31 ▪ Actuaciones 20.00 ju y sá
Baile flamenco de aficionados bien formados.

Museos y colecciones

(1) Sala Antiquarium, Sevilla

PLANO M2 ▪ Plaza de la Encarnación ▪ 955 47 15 80 ▪ Horario: 10.00-20.00 ma-sá, 10.00-14.00 do y festivos ▪ Se cobra entrada

Este museo subterráneo, que se halla bajo la extraordinaria estructura del Metropol Parasol en la plaza de la Encarnación, alberga los fascinantes restos arqueológicos encontrados en 1973 durante la construcción del complejo del Parasol. Las extensas ruinas romanas datan de la era de Tiberius en adelante (alrededor del 30-600 d. C.) y hay una casa árabe que data del siglo XII-XIII.

(2) Museo de Bellas Artes, Sevilla

Este museo (ver p. 87), ubicado en un antiguo convento, es uno de los más importantes de España. Se inauguró en el año 1835. La colección incluye obras de Velázquez, Zurbarán, Ribera, El Greco, Murillo y Valdés Leal.

(3) Museo Automovilístico y de la Moda, Málaga

Edificio de La Tabacalera, en avenida Sor Teresa Prat 15 ▪ 951 13 70 01 ▪ Horario: 10.00-14.30 y 16.00-19.00 todos los días ▪ Se cobra entrada ▪ www.museoautomovilmalaga.com

Este museo cuenta con una excelente colección privada de coches clásicos, con modelos de diseñadores como Ettore Bugatti, Giuseppe Figoni, Firestone o Labourdette. También hay una sección dedicada a la alta costura.

Una pieza del Museo Automovilístico

(4) Museo Picasso, Málaga

Es el tercer mayor museo dedicado a Picasso del mundo, y hace honor su deseo de que su ciudad natal (ver p. 104) tuviera parte de su legado artístico. Con más de 187 pinturas, que incluyen algunos grandes lienzos, el museo cubre ocho décadas de la carrera del artista y da una idea de la profundidad de la obra de Picasso.

(5) Centre Pompidou, Málaga

PLANO S5 ▪ Pasaje Doctor Carrillo Casaux ▪ 951 92 62 00 ▪ Horario: 9.30-20.00 mi-lu ▪ www.centre pompidou-malaga.eu

Esta escisión del famoso museo de arte parisino cuenta con piezas insólitas y estimulantes de artistas como Francis Bacon, Frida Kahlo, René Magritte y Pablo Picasso. Las exposiciones se dividen y muestran por temas.

Museo de Bellas Artes, Sevilla

Exposición *Viaje a través del cuerpo humano,* **Museo Parque de las Ciencias**

6 Museo Parque de las Ciencias, Granada

Este asombroso parque de las ciencias *(ver p. 118)* alberga una serie de exhibiciones interactivas sobre materias como el cuerpo humano, el espacio exterior, y el medioambiente y la tecnología.

7 Museo Municipal, Antequera

Este museo se ubica en un fastuoso palacio ducal *(ver p. 104)* que se remonta al siglo XVIII. Destacan una estatua de bronce de tamaño natural, fechada en el siglo I, que representa a un joven desnudo, posiblemente Ganímedes, copero de los dioses; pinturas de Cristóbal Toral; y la escultura de san Francisco de Asís, de Pedro de Mena, maestro andaluz del siglo XVII.

8 Museo de Cádiz

Una mansión neoclásica alberga el museo más importante de Cádiz *(ver p. 27)*, que posee tanto tesoros arqueológicos como de bellas artes. Se exponen objetos muy antiguos, como joyas, cerámica y pequeños bronces, aunque la pieza cumbre es la pareja de sarcófagos de mármol del siglo V a. C. Hay obras de Zurbarán, Rubens, Murillo y Cano. En la sección de etnografía se contemplan telones, marionetas y manuscritos.

9 Museo Arqueológico, Córdoba

Una pequeña mansión renacentista del siglo XVI *(ver p. 23)* alberga esta colección, esencial para entender la importancia de la ciudad en tiempos romanos. El propio edificio está construido sobre una estructura romana; existe un antiguo patio que da fe de ello. Destaca una escultura del dios persa Mitra, procedente de unas excavaciones en Cabra. La exposición también muestra hallazgos iberos y objetos árabes.

Patio del Museo Arqueológico

10 Museo Provincial de Jaén

La planta inferior muestra unas extraordinarias esculturas iberas del siglo V a. C. Se encontraron cerca de Porcuna, al oeste de la provincia, y muestran claras influencias griegas. En la planta superior, el Museo de Bellas Artes *(ver p. 127)* exhibe varias tallas medievales en madera.

10 Arte y figuras culturales

1 Andrés de Vandelvira

El arquitecto Andrés de Vandelvira (1509-1575) fue el máximo exponente del Renacimiento español en Andalucía. Su obra abarcó las tres fases principales de este estilo artístico: el ornamentado plateresco, el clásico italiano y el austero herreriano. Construyó la mayor parte de los tesoros arquitectónicos de Úbeda e importantes edificios en la localidad de Baeza (ver pp. 34-35).

2 Francisco de Zurbarán

El pintor (1598-1664) pasó casi toda su vida en Sevilla y su provincia, donde adorna iglesias y museos. Las obras de Zurbarán son principalmente religiosas, con un impactante claroscuro que aporta dramatismo.

Un rey de España (c. 1645), de Cano

Aparición del apóstol San Pedro a San Pedro Nolasco (1629), de Zurbarán

3 Velázquez

Nacido en Sevilla, Diego Rodríguez de Silva y Velázquez (1599-1660) partió hacia Madrid en 1623 para ejercer como pintor de la corte. Máxima figura del Siglo de Oro de la pintura española, llevó el naturalismo y la técnica pictórica a sus más altas cotas. Las obras que permanecen en su ciudad natal fueron en su mayoría encargos de escenas religiosas, si bien su mayor genialidad es el retrato.

Diego Velázquez

4 Alonso Cano

Arquitecto, pintor y escultor nacido en Granada (1601-1667). Estudió arte e inició su carrera en Sevilla antes de trasladarse a Madrid, donde Felipe IV le nombró arquitecto y pintor de cámara. Volvió luego a Granada, donde está hoy la mayoría de su obra.

5 Murillo

De los pintores barrocos de Sevilla, Bartolomé Esteban Murillo (1618-1682) fue quien alcanzó mayor éxito. Recibió innumerables encargos para realizar obras religiosas, en particular los numerosos lienzos de la Inmaculada Concepción.

6 Pedro Roldán

Roldán (1624-1699) combina pintura, escultura y arquitectura en obras de arte, como es el caso del retablo de la iglesia del hospital de la Caridad, en Sevilla (ver p. 88).

7 Luisa Roldán

Nacida en Sevilla (1652-1706) y conocida como La Roldana, es la primera escultora española de la que hay constancia. Hizo esculturas de madera y estatuas para la catedral de Cádiz y en Madrid fue escultora de cámara de los reyes Carlos II y Felipe V.

San Ginés de la Jara, de Roldán

8 Manuel de Falla

Nacido en Cádiz, Falla (1876-1946) es el compositor español más internacional. Una de sus obras, *El sombrero de tres picos*, tiene raíces flamencas.

9 Pablo Picasso

El pintor mala-gueño Pablo Picasso (1881-1973) se instaló en Francia en 1909, aunque España siempre estuvo presente en su obra, primero con imágenes de tauromaquia y, más tarde, de los horrores de la Guerra Civil.

Estatua de Picasso, Málaga

10 Federico García Lorca

Nacido en Granada, el poeta y dramaturgo (1898-1936) fue también pintor, músico y director de teatro. Homosexual y republicano, murió fusilado por los nacionales a comienzos de la Guerra Civil. Su obra deja patente su amor por la cultura andaluza.

TOP 10: OBRAS ESENCIALES INSPIRADAS EN ANDALUCÍA

1 Lord Byron
La fascinación del poeta romántico inglés con Andalucía quedó plasmada en su *Don Juan* (1819).

2 Michael Jacobs
La fábrica de luz (2003) es el vívido e ingenioso relato que el autor hacía de su vida en Frailes, cerca de Jaén.

3 Washington Irving
El escritor estadounidense escribió la famosa obra *Cuentos de la Alhambra* (1841).

4 Chris Stewart
El exbatería de Genesis escribió *Entre limones* tras mudarse a una finca en Andalucía.

5 Serafín Estébanez Calderón
Recoge en sus *Escenas andaluzas* (1847) el primer retrato de una celebración gitana.

6 Salman Rushdie
El autor británico-estadounidense de origen indio se inspiró en el exilio del último rey árabe de Granada para escribir *El último suspiro del moro* (1995).

7 Manuel Machado
Algunas obras de Machado (1874-1947), como *Cante hondo*, evocan una poética pasión por Andalucía.

8 Salvador Dalí y Luis Buñuel
Dalí colaboró en la película de Buñuel *Un perro andaluz* en 1928.

9 Ernest Hemingway
El escritor estadounidense fue corresponsal de prensa en España durante la Guerra Civil. *Por quién doblan las campanas* se basa en sus experiencias en tierras andaluzas.

10 Ópera
Entre las óperas ambientadas en Andalucía destacan *Las bodas de Fígaro* (Mozart, 1786), *El barbero de Sevilla* (Rossini, 1816) y *Carmen* (Bizet, 1875).

Escena de *El barbero de Sevilla*

TOP10 Pueblos

1 Almonaster la Real
Este hermoso Pueblo Blanco de la provincia de Huelva está rodeado por bosques. La ciudadela *(ver p. 98)* cuenta con una de las mezquitas más antiguas de Andalucía, que se remonta al siglo X.

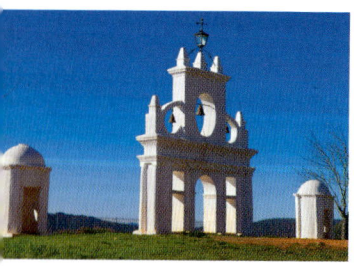

Monumento en la peña de Alájar

2 Alájar
Este pueblo de la provincia de Huelva *(ver p. 98)*, por cuyas casas de piedra parece no haber pasado el tiempo, posee una hermosa iglesia barroca. Más interesante, sin embargo, es la importancia mística del lugar, como se ve en las cuevas sagradas y la ermita de la peña que domina el pueblo.

3 El Rocío
Esta localidad *(ver p. 36)* se llena con casi un millón de peregrinos, durante la romería anual. No obstante, merece la pena visitar El Rocío en cualquier época del año para contemplar su maravillosa arquitectura y concertar una visita con guía a la Reserva Natural de Doñana *(ver pp. 36-37)*.

4 Cazorla
MAPA G3
Sencillas construcciones encaladas se apiñan alrededor de esta ciudadela. Las aves rapaces recuerdan que el viajero se encuentra en la puerta suroeste de la sierra de Cazorla *(ver p. 61)*. Su emplazamiento lo hizo atractivo para árabes y cristianos, de ahí el castillo que domina la localidad y las ruinas de La Iruela, situadas a 1 km de distancia.

5 Arcos de la Frontera
El casco histórico de esta localidad *(ver p. 106)* abarca desde la cuesta de Belén hasta la Puerta de Matrera y fue declarado monumento nacional en 1962, por lo que se encuentra hermosamente conservado. La plaza del Cabildo es el núcleo de la zona, con antiguas murallas y naranjos. Lamentablemente, el castillo no está abierto al público. La terraza del parador es el lugar ideal para disfrutar de espléndidas vistas.

Estrecha calle de Vejer de la Frontera

6 Vejer de la Frontera

Esta localidad (ver p. 107), en la provincia de Cádiz, mantiene su huella árabe en mayor medida que la mayoría de los pueblos de Andalucía. Encaramada en lo alto de un cerro desde donde se divisa el mar, esta villa de casas blancas presenta un laberinto de calle-juelas. El traje típico se llama cobijado y hasta hace pocos años cubría el rostro de las mujeres; hoy solo se luce durante el festival de agosto.

7 Iznatoraf
MAPA F2

Esta localidad de montaña brinda inigualables vistas de la sierra de Cazorla. El mejor panorama se obtiene desde el mirador situado sobre el acantilado, en el extremo norte del pueblo.

8 Zahara de la Sierra
MAPA C4

El nombre de este pueblo (flor, en árabe) encaja a la perfección con la fragancia del azahar que lo envuelve (ver p. 105). Cuando se contempla desde la distancia ofrece un conjunto maravilloso. El castillo, hoy en ruinas, fue testigo de turbulentos tiempos. En el siglo XV fue asediado por árabes y cristianos debido a su estratégica posición en el acceso a la serranía de Ronda (ver p. 68).

9 Sabiote
MAPA F2

Este pueblo es una auténtica joya oculta. Sus murallas medievales se conservan casi intactas y su castillo de origen árabe, uno de los más impresionantes de la región, fue restaurado por el célebre arquitecto Andrés de Vandelvira, nacido en la localidad.

Ruinas restauradas del castillo de Sabiote

10 Castril
MAPA G3

A los pies de un imponente farallón y rodeado por el Parque Natural de la Sierra de Castril, este precioso pueblo se remonta a tiempos romanos. Un torrente de montaña surge bajo la idílica aldea.

La llegada a Zahara de la Sierra

TOP 10 Paseos, plazas, parques y jardines

① Alcázar de los Reyes Cristianos, Córdoba

Entre las joyas de la ciudad de Córdoba se encuentran los parques de este palacio del siglo XV *(ver p. 23)*. En los jardines, trazados en estilo árabe, abundan las flores de brillantes colores que aportan un maravilloso toque a los muros de piedra. Otro lugar de interés son los cercanos Baños del Alcázar Califal, una casa de baños del siglo X con salas a distinta temperatura, como los romanos.

Alcázar de los Reyes Cristianos

② Plaza San Juan de Dios, Cádiz

Esta plaza es el centro de la vida comercial y social de Cádiz, con cafés, bares y palmeras. Se puede contemplar la monumental fachada neoclásica del ayuntamiento *(ver p. 27)*. La plaza se abre al puerto, lo que garantiza un flujo incesante de personas y grandes oportunidades para ver y dejarse ver.

③ Parque Genovés, Cádiz

MAPA B5

Este parque hermosamente trazado y abierto al océano, en la zona occidental de la ciudad, está surcado por senderos para pasear. Cuenta con algunas escul-

turas de ciudadanos ilustres e interesantes especies arbóreas, como el drago centenario procedente de las islas Canarias. Forma parte del frente verde que corre paralelo a la bahía.

④ Jardín Botánico La Almunya del Sur, Almería

MAPA G5 ▪ Paraje Tarambana, 284 ▪ 649 41 49 74 ▪ Horario: 10.00-14.00 ju-do (también 16.00-19.00 ju-sá) ▪ Se cobra entrada ▪ www.laalmunyadelsur.es

Es un hermoso oasis que cuenta con más de 1.600 tipos de plantas repartidas en diferentes espacios de gran biodiversidad. Árboles frutales, árboles ornamentales, arbustos, enredaderas, suculentas y una amplia gama de coloridas flores bordean los senderos, donde también hay fuentes y zonas de sombra para relajarse y disfrutar del entorno. Hay que reservar la visita con antelación.

⑤ Paseo Alcalde Marqués de Contadero, Sevilla

Este céntrico paseo es uno de los más hermosos de Sevilla. Bordeado de árboles y situado junto al río, ofrece vistas de los monumentos más destacados y proporciona un agradable contraste con el bullicio de la ciudad. Todo el paseo es peatonal, por lo que se evitan los inconvenientes del tráfico rodado *(ver p. 89)*.

Paseo Alcalde Marqués de Contadero, Sevilla

Un pabellón del parque de María Luisa

⑥ Jardín Botánico La Concepción, Málaga

MAPA E5 ▪ **Ctra. N331, km 166, Málaga** ▪ **951 92 61 80** ▪ **Horario: 9.30-17.30 ma-do (abr-sep: hasta 20.30)** ▪ **Se cobra entrada** ▪ **www.laconcepcion. malaga.eu**

Al norte de la capital se ubica este hermoso jardín botánico, obra de Amalia Livermore, aristócrata del siglo XIX, y su marido, Jorge Loring Oyarzábal. El jardín alberga una colección de palmeras y plantas de todo el mundo. Merece la pena contemplar el pabellón coronado por una cúpula y decorado con azulejos y columnas. Los visitantes pueden permanecer en el jardín media hora después del cierre.

Jardín Botánico La Concepción

⑦ Plaza de la Corredera, Córdoba

MAPA D3

Esta plaza del siglo XVII y de planta rectangular fue sometida a importantes obras de remodelación en 1992 *(ver p. 43)* y se habilitó un aparcamiento subterráneo. Los sábados por la mañana se instala un mercado al aire libre. Los soportales ofrecen sombra a los cafés y bares de tapas, desde donde se pueden admirar las fachadas de ladrillo con balcones de hierro forjado.

⑧ Parque de María Luisa, Sevilla

En 1893 la infanta María Luisa donó a la ciudad de Sevilla este parque. Con motivo de la Exposición Iberoamericana de 1929 se remodeló. De entonces han quedado estructuras espléndidas, como la espectacular plaza de España *(ver p. 89)* y varios edificios magníficos, dos de los cuales albergan museos. El trazado de los jardines se debe en buena parte al paisajista francés Jean-Claude Nicolas Forestier, quien también diseñó el Bois de Boulogne, en París.

⑨ Plaza Nueva, Granada

PLANO Q2

Situada a los pies de la Alhambra y el Albaicín, *(ver pp. 12-17)*, esta plaza brinda un espléndido panorama del río que fluye bajo la ciudad. Es un lugar idóneo para darse un respiro. Hay artistas callejeros y numerosos cafés con terrazas.

⑩ Paseo de la Constitución, Baeza

A este céntrico paseo construido en el siglo XVI acuden los baezanos regularmente. Está bordeado de árboles y adornado con fuentes. Cuenta con numerosas terrazas bajo las casas porticadas. Entre los magníficos edificios que dan a la plaza destaca la alhóndiga, antiguo mercado de cereales *(ver p. 34)*.

🔟 Reservas naturales

Formaciones calizas del Torcal de Antequera

1 Torcal de Antequera
MAPA D4

Este macizo calcáreo, en el que la erosión ha dado lugar a curiosísimas formaciones rocosas, ofrece el paisaje natural más espectacular de la provincia de Málaga. Es un destino muy frecuentado por senderistas y montañeros.

2 Parque Nacional Sierra Nevada

En este parque nacional *(ver pp. 38-39)* se encuentran las cotas más altas de la Península y la estación de esquí más meridional de Europa. Es una zona excelente para la práctica del senderismo, la equitación y el ciclismo de montaña.

3 Parque Natural de Sierra de Aracena y Picos de Aroche

Esta parte de Sierra Morena, en la provincia de Huelva, tiene un marcado carácter rural *(ver p. 98)*. Perduran las tradiciones, en especial las técnicas de curación del jamón de Jabugo. Merece la pena recorrer a pie o a caballo estos cerros tapizados de bosques *(ver p. 68)*.

4 Sierra Norte
MAPA C3

La zona más septentrional de la provincia de Sevilla es tan agreste como hermosa. Los recorridos a pie son mejor opción que los desplazamientos en automóvil. Ideal para entusiastas de los deportes al aire libre. La sierra es frecuentada por cazadores y montañeros.

5 Parque Nacional de Doñana

Estos humedales *(ver pp. 36-37)*, declarados Reserva de la Biosfera por la Unesco, conforman un Parque Nacional desde 1969, aunque su estatus está cada vez más amenazado por problemas ecológicos. Más de seis millones de aves paran aquí en su migración anual. Entre las especies protegidas se encuentra el lince ibérico.

6 Sierra de Grazalema
MAPA C5

Con una gran extensión, esta frondosa sierra fue declarada Reserva de la Biosfera por la Unesco en 1977. El acceso a la zona está controlado y solo puede realizarse a pie.

Paseando en la sierra de Grazalema

7 Cabo de Gata-Níjar
MAPA H4

En la provincia de Almería existe un hermoso tramo de litoral que hoy conforma una reserva natural (ver p. 65), con gigantescas rocas que se elevan sobre playas y calas. El macizo, casi sin vegetación, fue declarado Reserva de la Biosfera por la Unesco en 1997. La zona es excelente para el submarinismo.

8 Sierra de Cazorla
MAPA G2

Al este de la provincia de Jaén, este enorme y variado parque acoge 1.300 variedades de plantas, entre las que se incluyen 20 especies endémicas. Abruptos acantilados, profundos barrancos, ríos, lagos y torrentes tipifican el terreno.

Sierra de Cazorla

9 Parque Natural de la Sierra de Cardeña y Montoro
MAPA E2

Este bello parque alberga frondosos bosques de encina, pino y alcornoque. En su mayoría de suaves pendientes, el extremo occidental da paso a una topografía más espectacular. Abundan los senderos señalizados. Es el lugar idóneo para contemplar la fauna local.

10 Parque Natural de los Montes de Málaga
MAPA E5

Buena parte de este parque se plantó para cubrir las alturas de Málaga, antes desérticas, y así prevenir las inundaciones que aquejaron a la ciudad durante siglos. Es un lugar perfecto para el senderismo y el ciclismo.

TOP 10: FLORA Y FAUNA

Flamencos en Fuente de Piedra

1 Aves de la marisma
En las zonas acuíferas abundan la grulla, la golondrina de mar, el flamenco, el pato salvaje, el calamón, el ibis y el archibebe.

2 Arbustos
A lo largo de la costa se encuentran pitas, traídas de América en el siglo XVIII. También hay chumberas, carrizos, juncos, adelfas y arbutus.

3 Flores silvestres
Destaca la violeta de Cazorla, el narciso y la celidonia blanca de Sierra Nevada.

4 Aves rapaces
Como el águila imperial, el águila real, el buitre leonado y el halcón peregrino.

5 Aves cantoras
Entre los pájaros canoros se cuentan la perdiz real, la canastera común y la abubilla.

6 Árboles
Destacan el pino negro y piñonero, los cítricos, la encina, el avellano, el olivo, el ciprés, el enebro, el fresno y el inusual pinsapo.

7 Mamíferos
Se encuentran el lobo, el lince, el jabalí, la jineta, la mangosta, la civeta, la foca monje, los delfines y cetáceos.

8 Reptiles y anfibios
Este grupo incluye la serpiente de Montpellier, el lagarto y el sapo corredor.

9 Peces
La pesca local comprende la perca negra, la anguila, la gambusia, la sardina, el atún, el pejesapo, el boquerón y los cefalópodos.

10 Insectos y arácnidos
Se encuentran casi todas las especies de mariposas de Europa, además de mosquitos, escorpiones y tarántulas.

ᵀᴼᴾ10 Playas

Playa Puerto del Mar, Almuñécar

① Almuñécar

El principal centro turístico (ver p. 119) de la Costa Tropical de Granada. Es una opción más tranquila que las localidades de la Costa del Sol. Las playas más importantes son San Cristóbal y Puerto del Mar, separadas por un brazo de tierra, donde se encuentran rincones excelentes para la práctica del submarinismo y el windsurf.

② Mazagón
MAPA B4

La Costa de la Luz, en la provincia de Huelva, alberga hermosas y remotas playas, como la de Mazagón. A 23 km al sureste de la capital, este tranquilo centro de vacaciones está rodeado por pinares y dunas. Prácticamente desierta en invierno, en verano la playa es frecuentada por familias, aunque también se encuentran espacios en los que disfrutar de la soledad.

③ Chipiona

La provincia de Cádiz ofrece buenos lugares de vacaciones, sin las aglomeraciones de otras zonas del litoral, y Chipiona se encuentra entre los mejores (ver p. 107). Las playas son excelentes y el propio pueblo mantiene sus tradiciones ancestrales. Sigue siendo un floreciente puerto pesquero, y es famoso por la elaboración de vino moscatel. Entre los lugares de interés se encuentra el faro, llamado *Turris Caepionis* por los romanos.

④ Tarifa

El punto más meridional de la provincia de Cádiz (ver p. 107) –y de toda la Península– es uno de los mejores lugares del mundo para los amantes del windsurf, aunque el viento, que casi nunca deja de soplar, resulta un tanto molesto para quienes quieran tumbarse al sol. No obstante, existen lugares donde guarecerse. La animada vida nocturna no tiene parangón.

Windsurf en la playa de Tarifa

⑤ Marbella
MAPA D5

La localidad más exclusiva de la Costa del Sol *(ver p. 32)* cuenta con varias playas excelentes. Hacia el este se halla Cabo Pino –una playa nudista– y Las Dunas –junto a un moderno puerto deportivo–. En el extremo oeste hay varias playas turísticas, entre las que destaca Nikki Beach, tal vez la mejor de Marbella.

Una playa de arena en Marbella

⑥ Torremolinos
MAPA E5

Torremolinos es el centro neurálgico de la vida nocturna en la Costa del Sol *(ver p. 33)*. Las calles son muy empinadas; a medida que se desciende hacia la playa el bullicio de la ciudad se va apagando.

⑦ Torre del Mar
MAPA E5

Fuera de los itinerarios habituales, esta zona *(ver p. 33)* de ambiente familiar tiene amplias playas de arena y un parque acuático cerca.

⑧ Nerja
MAPA E5

Este pueblo *(ver p. 33)* es el favorito de quienes huyen de las aglomeraciones de la Costa del Sol. Se trata de una localidad hermosa y acogedora que desde su emplazamiento privilegiado, en lo alto de un acantilado, mira a las playas, adornadas con palmeras.

⑨ Ayamonte
MAPA A4

El pueblo más occidental de Andalucía se halla en la desembocadura del río Guadiana. En su extremo meridional se ubican las poblaciones de Isla Canela e Isla Cristina. Isla Canela posee una playa muy extensa y ancha, y una serie de bares, e Isla Cristina una playa de arena y un puerto deportivo.

⑩ Cabo de Gata
MAPA H5

La provincia de Almería ofrece algunas de las mejores playas vírgenes de la región, entre ellas la cala de la Media Luna y la playa de Mónsul. El principal pueblo vacacional es San José *(ver p. 61)*.

Playa de Mónsul, Cabo de Gata

TOP 10 Deportes y actividades al aire libre

Senderistas por Sierra Nevada

1 Senderismo
FEDAMON: 958 29 13 40
■ www.fedamon.com
Andalucía posee sierras excelentes para el senderismo, desde verdes macizos hasta desiertas masas rocosas *(ver pp. 60-61)*. Los amantes del montañismo deben dirigirse a Sierra Nevada. La Federación Andaluza de Montañismo (FEDAMON) proporciona mapas y listados de refugios.

2 Surf y windsurf
ION Club: MAPA C6; 619 34 09 13; www.ion-club.net ■ Windsurf La Herradura: MAPA F5; Paseo Marítimo 34, 958 64 01 43; www.windsurflaherradura.com
Tarifa es lugar favorito para los amantes del windsurf, que también frecuentan la Costa Tropical. Con respecto al surf, la Costa de la Luz proporciona olas de altura suficiente, si bien en el oleaje mediterráneo solo resulta adecuado para el body-surfing o para el paddle surf.

3 Equitación
Far and Ride (7 centros en Andalucía): MAPA C5; www.farandride. com ■ Rutas a caballo Castellar de la Frontera: C/ Príncipe Juan Carlos 30; 629 57 24 46; www.castellargp.es
Andalucía es conocida por criar buenos caballos y ofrece múltiples posibilidades para practicar equitación. En todas las provincias existen escuelas y senderos señalizados.

4 Espeleología
MAPA D5 ■ Team4you: Centro Comercial Cristamar B64, Puerto Banús, Marbella ■ 952 90 50 82 ■ www.team4you.es
La región alberga algunas de las cuevas más interesantes del mundo, muchas de ellas explotadas comercialmente.

5 Esquí
Sierra Nevada, la estación de esquí granadina, es la única opción de la comunidad andaluza. Ofrece una amplia variedad de pistas y la posibilidad de practicar esquí hasta finales de temporada *(ver p. 39)*.

6 Navegación y pesca
Federación Andaluza de Pesca: 956 18 75 85; www.fapd.net ■ Federación Andaluza de Vela: Avda. Libertad, Puerto de Santa María (Cádiz); 956 85 48 13; www.fav.es
Por todo el litoral hay puertos deportivos, ya que la navegación es muy frecuente en esta parte de España. Para la pesca en alta mar o en agua dulce es necesario obtener una licencia.

Windsurf en Tarifa

7 Golf

En la Costa del Sol hay tantos campos de golf (ver p. 109) que a menudo se la denomina Costa del Golf. Hay todo tipo de campos, entre ellos joyas diseñadas por golfistas de primera línea, y otros accesibles para familias.

8 Submarinismo

Yellow Sub Tarifa: MAPA C6; 956 68 06 80; www.divingtarifa.com ▪ **Centro de Buceo Isub: MAPA H5; C/ Babor 3, San José de Níjar; 950 38 00 04; www.isubsanjose.com**

En aguas gaditanas se pueden encontrar numerosos barcos sumergidos, mientras que las zonas agrestes del cabo de Gata ofrecen la vida submarina más abundante. La Costa de la Luz también dispone de varios enclaves excelentes, entre los que destaca Tarifa.

Buceando en Cabo de Gata

9 Fútbol

El fútbol, una obsesión nacional, agita las pasiones más profundas. Durante la liga lo encontrará en todos los bares, atronando en la televisión, junto con los clientes del local.

10 Paseo en globo

Glovento Sur: Cuesta de San Gregorio 25, Granada; 958 29 03 16; www.gloventosur.com

Un paseo en globo en una tranquila mañana permite disfrutar de las vistas del paisaje andaluz desde el cielo.

TOP 10: RUTAS EN BICI

Ciclistas en ruta por Andalucía

1 Vía Verde El Ronquillo, Sevilla
MAPA B3
Agradable recorrido de 9 km junto a la reserva Minilla.

2 Vía Verde de la Sierre Norte, Sevilla
MAPA C3
15 km a lo largo de la Ribera del Huéznar hasta el Cerro del Hierro.

3 Vía Verde de Riotinto, Huelva
MAPA B3-A4
35 km entre matorrales de montaña y el paisaje marciano de Riotinto.

4 Via Verde de la Subbética, Córdoba
MAPA E3
El recorrido de 57 km parte de Luque y pasa junto a castillos y cuevas.

5 Vía Verde del Aceite, Jaén
MAPA E3
Trazado de 55 km por colinas llenas de olivares.

6 Vía Verde Sierra de Baza, Granada
MAPA G3
Un recorrido de 16 km hasta Caniles que atraviesa prados y el pueblo de Baza.

7 Vía Verde de Entre Ríos, Cádiz
MAPA B4-5
Dieciséis kilómetros entre fincas y dunas junto al Atlántico.

8 Vía TransAndalus, Cádiz
MAPA C6-B5
Esta ruta de 341 km es mejor con bicicleta de montaña.

9 Vía TransAndalus, Málaga
MAPA C5-E4
Subidas e impresionantes gargantas en esta ruta de montaña de 214 km.

10 Villanueva del Rosario, Málaga
MAPA D4-E4
Ruta familiar de 19 km desde Camino de las Huertas.

TOP 10 Paseos y recorridos en coche

Paseando por el Parque Natural de Sierra de Aracena

① De Alájar a Linares de la Sierra
MAPA B3

La sierra de Aracena ofrece un bello paisaje de acantilados, valles boscosos y pueblos encalados. La ruta de 6 km de Alájar a Linares pasa por el pueblo de Los Madroñeros y proporciona un estupendo paseo. Parte de la plaza principal de Alájar sigue la antigua carretera, que solo cuenta con un tramo empinado.

② Pueblos de la Tahá de Pitres
MAPA F4

Comienza en Pitres y desciende hacia el sur. Se llega a Mecinilla, después se sigue a lo largo de un barranco que conduce a Mecina-Fondales y desde aquí se toma la ruta corta, o la larga, hasta Ferreirola, se sube hasta Atalbéitar y se regresa a Pitres.

③ De Rute a Iznájar
MAPA E4

Se abandona Rute por la A331. En la bifurcación se gira a la izquierda y se toma el sendero de la derecha, a unos 500 metros, hasta el embalse. Desde aquí se tuerce a la derecha y se continúa hasta un promontorio rocoso. Tras disfrutar de las vistas, hay que subir el monte y cruzar el puente que lleva a la panorámica localidad de Iznájar.

④ Serranía de Ronda
MAPA D5

El recorrido entre Benajoán y Jimera de Líbar resulta tan fácil como pintoresco. Partiendo del hotel Molino del Santo, se baja por la ladera y se tuerce a la izquierda para seguir la vía férrea, que se atraviesa en el segundo cruce. Al otro lado del río se halla el sendero; cuando se divide, hay que tomar la bifurcación izquierda y seguir por la vía pecuaria hasta el pueblo.

⑤ De Nerja a Almería
MAPA E5 ▪ Ctra. N340

Abarca algunos de los tramos más panorámicos del litoral andaluz. Nerja se sitúa sobre un acantilado (ver p. 33), y en los alrededores de la ciudad de Almería el paisaje es espectacular (ver p. 119).

⑥ Río Borosa
MAPA G2

Desde el centro de visitantes de Torre del Vinagre, este paseo conduce a lo largo de una estrecha senda de la Cerrada de Elías. Una pasarela de madera cruza el río Borosa.

Garganta de la Cerrada de Elías

⑦ De Tarifa a Cádiz
MAPA C6 ■ **Ctra. N340**

Este tramo agreste de la Costa de la Luz *(ver p. 106)* con enormes acantilados y grandes dunas de arena, es lo mejor del litoral atlántico. Merece la pena hacer un alto en Bolonia, de herencia romana, y Vejer de la Frontera, con su innegable huella árabe.

⑧ De Ronda a Jerez
MAPA D5 ■ **Ctra. N342**

En este recorrido se divisan los Pueblos Blancos *(ver p. 105)*, entre los que destacan Grazalema, Zahara y Arcos de la Frontera. También se pueden visitar las ruinas romanas de Ronda la Vieja.

Puente Nuevo, Ronda

⑨ Por el valle del Guadalquivir a través de la provincia de Córdoba
MAPA E2

Desde Montoro, al este de Córdoba, se sigue el curso del río. En el oeste de la provincia hay que visitar las ruinas de la fastuosa Medina Azahara *(ver p. 125)* y disfrutar de las vistas desde el castillo de Almodóvar del Río antes de llegar a Palma del Río.

⑩ Las Alpujarras, Sierra Nevada
MAPA F4

Desde Lanjarón se continúa en dirección a Órgiva. A medida que se avanza hacia el este, el paisaje se torna más árido. Finalmente se llega a Yegen, un pueblo que aparece en la novela de Gerald Brenen *Al sur de Granada*.

TOP 10: MEJORES LUGARES PARA PASEAR

Judería de Córdoba

1 Córdoba
Hay que explorar el barrio de la Judería y después encaminarse hacia el puente romano para contemplar la puesta de sol *(ver pp. 22-25)*.

2 Granada
Merece la pena perderse en el laberinto del Albaicín *(ver pp. 16-17)*.

3 Sevilla
Una vez visitado el centro, hay que cruzar el puente de Isabel II y adentrarse en Triana *(ver p. 88)*.

4 Cádiz
Desde el extremo noreste de la plaza de España se rodea la ciudad para disfrutar de las vistas del mar y de los jardines *(ver pp. 26-27)*.

5 Jerez de la Frontera
Capital del vino de Jerez, con numerosas bodegas *(ver p. 106)*.

6 Ronda
Se cruza el puente Nuevo, se tuerce a la izquierda y se recorre el pueblo en el sentido de las agujas del reloj sin dejar de ver la iglesia principal *(ver pp. 30-31)*.

7 Baeza
Desde la plaza del Pópulo, casi todos los lugares de interés se encuentran a una corta distancia en el sentido de las agujas del reloj *(ver pp. 34-35)*.

8 Úbeda
Hay que caminar hacia el oeste hasta el hospital de Santiago y la plaza de toros *(ver pp. 34-35)*.

9 Málaga
Los lugares de interés se sitúan al norte del paseo del Parque *(ver p. 104)*.

10 Antequera
Los lugares de interés se hallan a los pies de la alcazaba, pero disfrute de las vistas desde arriba *(ver p. 104)*.

TOP 10 Andalucía para niños

① Muelle de las Carabelas, La Rábida, Huelva

MAPA A4 ■ Paraje de La Rábida ■ 959 53 05 97 ■ Horario: med jun-med sep: 10.00-21.00 ma-do; med sep-med jun: 9.30-19.30 ma-do ■ Cerrado 1 ene, 24, 25 y 31 dic ■ Se cobra entrada (menores de 5 años gratis) ■ www.muelledelascarabelas entradas.com

El Muelle de las Carabelas es ideal para los niños. Aquí pueden explorar las réplicas a tamaño natural de La Niña, La Pinta y La Santa María. También hay un pequeño museo y una reproducción de un pueblo del siglo XV construido alrededor del muelle (ver p. 97).

Muelle de las Carabelas

② Parque Minero de Riotinto, Sevilla

Los 3.000 años de historia de la minería en la zona se exponen en la mina romana reconstruida de este museo. Los niños pueden subir a bordo del ferrocarril minero en un recorrido de 12 km para contemplar el paisaje lunar, las antiguas locomotoras y la maquinaria minera (ver p. 95).

③ Isla Mágica, Sevilla

PLANO K1 ■ Pabellón España, Isla de Cartuja ■ 954 48 70 30 ■ Los horarios varían, consultar la web ■ Se cobra entrada ■ www.islamagica.es

El parque gira en torno a la exploración del Nuevo Mundo por parte de los españoles que partieron en el siglo XVI en expediciones en barco. Hay recorridos en barco y varios espectáculos. Para refrescarse se puede acudir al parque acuático Aqua Mágica.

④ Carromato de Max, Mijas

MAPA D5 ■ Avda. del Compás ■ 662 18 12 56 ■ Horario: 10.00-14.00 todos los días ■ Se cobra entrada ■ www.carromatodemijas.org

Esta colección presume de poseer las curiosidades más pequeñas del mundo. Hay una copia de *La última cena* de Da Vinci realizada en un grano de arroz, pulgas vestidas y un busto de Churchill esculpido en una tiza.

Impresionantes formaciones minerales en las cuevas de Nerja

⑤ Cuevas de Nerja

MAPA E5 ▪ Ctra. Maro ▪ 952 52 95 20 ▪ Horario: 9.30-16.30 todos los días (jul y ago: hasta 19.00) ▪ Cerrado 1 ene y 15 may ▪ Se cobra entrada ▪ www.cuevadenerja.es

Estas cuevas, descubiertas en 1959, se remontan a unos cinco millones de años. La iluminación resalta sombras misteriosas y místicas cascadas. La columna central en la sala del Cataclismo es la estalagmita más alta del mundo.

⑥ Parque de las Ciencias, Granada

MAPA F4 ▪ Avenida de la Ciencia s/n ▪ 958 13 19 00 ▪ Horario: 10.00-19.00 ma-sá, 10.00-15.00 do y festivos ▪ Se cobra entrada ▪ www.parqueciencias.com

Fascinante parque de ciencias y museo que alberga un planetario, una cúpula con más de 200 especies de flora y fauna, exposiciones interactivas, juegos mecánicos, talleres y efectos ópticos que atraparán a las mentes de todas las edades.

⑦ Aventura Amazonia, Marbella

MAPA D5 ▪ Avda. Valeriano Rodríguez 2 ▪ 952 83 55 05 ▪ Los horarios varían, consultar la web ▪ Se cobra entrada ▪ www.aventura-amazonia.com

Es el mayor parque de aventuras de Andalucía, con 103 desafíos, 24 tirolinas y un atrevido salto al vacío de 12 m. Las actividades son aptas para niños mayores de 4 años.

⑧ Aqua Tropic, Almuñécar

MAPA F5 ▪ Playa de Velilla, paseo Reina Sofía ▪ 958 63 20 81 ▪ Horario: med jun-sep: 11.00-19.00 todos los días ▪ Se cobra entrada ▪ www.aqua-tropic.com

Este parque acuático proporciona horas de diversión.

⑨ Mini Hollywood, Almería

El salvaje Oeste cobra vida en este antiguo decorado cinematográfico, en el que se rodaron varios *western*. Hay numerosos espectáculos *(ver p. 118)*.

Las calles de Mini Hollywood

⑩ Parque Acuático Vera

MAPA H4 ▪ Ctra. Vera/Garrucha-Villaricos ▪ 950 46 73 37 ▪ Horario: med may-jun y sep: 11.00-18.00 todos los días; jul-ago: 11.00-19.30 todos los días ▪ Se cobra entrada ▪ www.aquavera.com

Este parque acuático garantiza la diversión. Hay cinco piscinas, toboganes y tubos ondulantes para deslizarse. Existen zonas de sombra.

TOP10 Los sabores de Andalucía

1 Gazpacho
El gazpacho ha de tomarse bien frío. Lleva tomate maduro, cebolla, pepino, pimiento, ajo, aceite de oliva, vinagre y sal. A veces se sirve con verduras muy picadas y pan para echar encima. Una variante típica de Córdoba es el salmorejo, con mucho tomate, huevo duro, aceite, ajo y vinagre. Perfecto para una comida ligera.

Calamares rebozados y gambas

Tortilla española

2 Tortilla española
La tortilla de patatas, como en el resto de España, es una apuesta segura que se encuentra en todos los bares. Merece la pena probar las tortillitas de camarones y en Granada, la tortilla de Sacromonte.

3 Sopas de pescado
Las recetas de sopas de pescado y marisco son múltiples y variadas en toda Andalucía. En Málaga destacan la sopa viña, aderezada con jerez, y las sopas cachorreñas, que se preparan con bacalao, pan, ajos, aceite y pimentón. Cádiz es famosa por sus guisos marineros, elaborados con los mejores pescados de la provincia.

4 Calamares
Por toda la costa se encontrará con calamares pequeños que se preparan a la parrilla, la esencia de la simplicidad, y están deliciosos si son frescos. Una alternativa común es cortarlos en anillas para rebozarlos y freírlos. Si son frescos sabrán dulces y tiernos. Una fritura de pescado completa o fritura mixta puede llevar boquerones, langostinos y trozos de bacalao o de cualquier pescado del día.

5 Arroz a la marinera
El arroz a la marinera, típico de todo el litoral mediterráneo, suele llevar gambas, mejillones, calamares y almejas. El arroz a la malagueña, un

Arroz a la marinera

delicioso plato propio del litoral de la provincia de Málaga, se prepara con almejas, gambas, rape, espárragos trigueros y guisantes.

6 Rape
El rape es una de las mejores opciones a la hora de pedir pescado. La cola tiene un sabor y textura similares a la langosta. Se suele servir a la plancha, pero también se elaboran sabrosos guisos con base de tomate.

7 Tocino de cielo
Es un dulce típico de la repostería gaditana, elaborado con yemas de huevo y almíbar, por lo tanto, muy dulce.

Tocino de cielo

8 Ensaladas
Se puede pedir desde una sencilla ensalada de tomate, lechuga y atún a otras mucho más elaboradas y con multitud de ingredientes. Se suelen tomar como entrada o para acompañar un plato de carne o pescado.

9 Queso de los Pedroches
Queso de oveja muy curado, como la mayoría de los quesos andaluces, elaborado en el valle de los Pedroches (Córdoba). Se conserva en aceite de oliva al que se añaden hierbas aromáticas.

10 Repostería
Suele incluir ingredientes de origen árabe, como anís, sésamo, almendras y canela. Suelen utilizar miel en lugar de azúcar. Son característicos los alfajores, con miel y almendras, los piononos y los pestiños.

TOP 10: BEBIDAS

1 Agua mineral
El agua embotellada se sirve con o sin gas. La mejor es la de Lanjarón, de la provincia de Granada.

2 *Brandy*
Se elabora en las provincias de Cádiz, Córdoba y Huelva.

3 Vino
El málaga se elabora con uvas moscatel y Pedro Ximénez. Los afrutados del Condado proceden de la uva zalema.

4 Cerveza
La cerveza Cruzcampo, de elaboración andaluza, es muy popular en toda España.

5 Licores
Los licores con base de anís proceden en su mayoría de Montilla (Córdoba). Otros licores son el aguardiente (Huelva) y la cazalla (Sevilla).

6 Sangría
Esta bebida se elabora con vino tinto, azúcar y fruta fresca; a menudo se añade un poco de *brandy* y canela.

7 Café
Puede pedir café solo (expreso) o cortado (con muy poca leche). Los españoles suelen beber café con leche para desayunar.

8 Té a la menta
Granada es famosa por sus teterías árabes, en las que se sirve té a la menta *(ver p. 122).*

9 Bebidas sin alcohol
Entre los refrescos se incluyen batidos, granizados y horchata (una bebida lechosa hecha con el tubérculo de la chufa).

10 Jerez
El vino más famoso de Andalucía procede de la provincia de Cádiz *(ver p. 76-77).*

Jerez de barril

📦🔟 **Tapas**

① Ensaladilla rusa
Es una buena opción para vegetarianos, pero no para veganos, pues normalmente consiste en vegetales cortados en dados mezclados con una espesa mayonesa. Tenga cuidado pues hay una versión a la que se le añaden trozos de jamón. Y asegúrese de que estos platos con mayonesa estén recién preparados.

② Chorizo al vino
Los chorizos son especiados con pimienta y aroma de ajo. Se pueden servir asados, al vino o cocinados con otros ingredientes. Generalmente están hechos con carne de cerdo. Las morcillas (salchicha hecha con sangre) son una exquisitez.

Aceitunas de Andalucía

az-zait, que significa "zumo de la oliva".

⑤ Champiñones al ajillo
Los champiñones salteados con ajo son una tapa típica. Otros platos populares con vegetales son las judías verdes, a menudo cocinadas con tomates y ajo, escalibadas (pimientos asados) o pisto, la versión española de la *ratatouille*.

⑥ Jamón serrano
Se dice que la costumbre de comer tapas comenzó por la rodaja de jamón que se ponía como regalo sobre las copas (que literalmente era como una "tapa"). El mejor jamón de la región es el curado en la montaña, pero también existe el jamón york, así como otros productos de cerdo curado, como tocino y fiambres. Sabe especialmente bueno cuando se combina con queso y pan en una tabla serrana.

Chorizo al vino

③ Mariscos
Los mariscos más consumidos en España son los berberechos, las almejas, los mejillones, el pulpo, la sepia y las zamburiñas.

④ Aceitunas
Hay innumerables tipos de aceitunas, desde pequeñas a grandes, verdes o negras, saladas o dulces, enteras o rellenas. Su nombre puede resultar confuso, aunque el nombre del árbol sea olivo, que procede del latín, el nombre del fruto es de origen árabe

Tabla serrana

Albóndigas
Se pueden hacer de carne o de pescado, y es posible cocerlas en salsa de tomate con ajo y especies. Un método alternativo para preparar carne, pescado o marisco troceado es hacer pinchos y asarlos como un *kebab*, tanto sencillos como especiados al estilo marroquí.

 Anchoas
Las anchoas y sardinas normalmente se sirven rebozadas y ligeramente fritas, pero también se pueden comer marinadas, conservadas en aceite, o con salsa de tomate. Generalmente se comen enteras menos la cabeza y la cola.

Anchoas

⑨ **Croquetas**
Las croquetas están hechas con una mezcla de carne, pescado o verduras con bechamel que se fríe a fuego fuerte. Una variación son los soldaditos, que se pueden hacer de vegetales, pollo o pescado.

Croquetas

⑩ **Alioli**
El alioli es una mayonesa con ajo que se sirve para untar con pan o como condimento. Otra salsa popular es la pipirrana, una compota hecha con tomate, cebolla y pimiento.

TOP 10: ESTILOS DE PREPARACIÓN DE TAPAS

Selección de tapas y pan

1 Pan
Se utiliza como base. Son habituales los montaditos, las pulgas y las tostas.

2 Marinado
Muchos alimentos, sobre todo pescados, se maceran en un adobo de vino, vinagre, especias y hierbas aromáticas.

3 Curado
Manera de preparar la carne por medio de sal y humo para que pierda la humedad.

4 Con mayonesa
Cualquier plato sirve de excusa para untarlo con alioli. Dos platos que a menudo llevan mayonesa son las patatas alioli y la ensaladilla.

5 Vinagreta
Esta salsa se prepara con vinagre, sal y aceite. Admite muchas variaciones: con mostaza, cebolla muy picada, huevo duro, hierbas, aceitunas, alcaparras.

6 Huevo
Los huevos son esenciales para hacer la tortilla *(ver p. 72)* o se comen duros como acompañamiento.

7 Fritos
Muchos alimentos se rebozan y se fríen, desde el pescado a los champiñones.

8 A la plancha y asadas
Sin duda, son la mejor opción para consumir menos grasas.

9 Estofadas
Se preparan así pescados, carnes, patatas y verduras.

10 A la marinera
Para esta técnica, muy utilizada en los platos de pescado y marisco, se utiliza vino, ajo y perejil.

TOP 10 Bodegas

Barriles de jerez en las bodegas de estilo árabe de Bodegas Fundador

1 Bodegas Fundador

MAPA B5 ▪ Puerta de Rota s/n, Jerez de la Frontera ▪ Departamento de enoturismo: 956 15 15 52 ▪ Los horarios de las visitas varían, consultar la web ▪ Se cobra entrada ▪ www.bodegasfundador.site

Uno de los nombres legendarios asociados al jerez. La compañía se fundó en 1730 y, en un viaje a Jerez, no puede faltar una visita a la conocida bodega de estilo árabe de La Ina *(ver p. 106)*.

González-Byass, bodega familiar

2 González-Byass

MAPA B5 ▪ C/ Manuel María González 12, Jerez ▪ 956 35 70 16 ▪ Los horarios varían, consultar la web ▪ Se cobra entrada ▪ www.tiopepe.com

Aunque casi todas las empresas productoras de jerez pertenecen hoy a multinacionales británicas, esta bodega familiar ofrece un ejemplo alentador, pues fue recuperada por los González. Fundada en 1835, cuenta con dos antiguas bodegas, además de la sala de cata original.

3 Bodegas Osborne

MAPA B5 ▪ C/ Los Moros, El Puerto de Santa María, Cádiz ▪ 956 86 91 00 ▪ Visitas con cita previa ▪ Se cobra entrada ▪ www.osborne.es

El famoso toro de Osborne se divisa en numerosas carreteras de España. Esta respetada bodega es conocida por su célebre *brandy*.

4 Sandeman

MAPA B5 ▪ C/ Pizarro 10, Jerez de la Frontera ▪ 956 15 15 52 ▪ Los horarios de visitas y catas varían, consultar la web ▪ Se cobra entrada ▪ www.sandeman.com

La inconfundible silueta del Don, con su capa negra y su sombrero de ala ancha, se remonta a 1928 y fue una de las primeras imágenes de marca que se crearon. Sandeman se fundó en Londres en 1790.

5 Bodegas Robles, Montilla

MAPA D3 ▪ Ctra. Córdoba-Málaga km 47 ▪ 609 13 11 11 ▪ Visitas con cita previa ▪ www.bodegasrobles.com

Este productor de vino orgánico emplea el tradicional sistema de soleras, mediante el cual se mezclan vinos viejos con vinos jóvenes hasta que estos alcanzan su punto de madurez.

6 Bodegas Alvear, Montilla

Dos características distinguen estos vinos *(ver p. 126)*: las gigantescas tinajas de barro se entierran en el suelo para mantener los caldos a una temperatura constante, mientras que el caluroso clima redunda en un vino más riguroso.

7 Bodegas Málaga Virgen
MAPA D4 ■ A-92 km 132, Finca Vistahermosa, 29529 Fuente de Piedra, Málaga ■ 952 31 94 54 ■ Visitas con cita previa ■ www.bodegasmalagavirgen.com
Esta bodega elabora vinos malagueños tradicionales de calidad y lleva en la misma familia desde hace cuatro generaciones (ver p. 104).

8 Bodegas Antonio Barbadillo
MAPA B5 ■ C/ Sevilla 6, Sanlúcar de Barrameda ■ 956 38 55 21 ■ Horario: 11.00-15.00 ma-sá, con cita ■ Se cobra entrada ■ www.barbadillo.com
Esta bodega familiar tiene 500 ha de viñedos, la mayor bodega de crianza de Sanlúcar y un museo de elaboración del vino. Lanzó su primera manzanilla en 1827 y ahora produce diversos vinos.

Bodegas Antonio Barbadillo

9 Bodegas Andrade
MAPA A4 ■ Avda. de la Coronación 35, Bollullos Par del Condado, Huelva ■ 959 41 01 06 ■ Visitas con cita previa ■ www.bodegasandrade.es
Esta bodega fue de las primeras en apreciar el potencial de la uva zalema para la elaboración de vinos jóvenes.

10 Agroalimentaria Virgen del Rocío
MAPA B4 ■ Avda. Cabezudos 3, Almonte, Huelva ■ 959 40 61 46 ■ Visitas con citra previa ■ www.raigal.es
Ha elevado la uva zalema a cotas superiores. En las barricas subterráneas de su bodega elabora el Raigal, uno de los únicos vinos espumosos de la región.

TOP 10: CLASES DE VINO Y JEREZ

Jerez andaluz

1 Fino
Pálido, seco, con aroma punzante que recuerda a la almendra. Se sirve muy frío, como aperitivo.

2 Manzanilla
Fino elaborado y envejecido en Sanlúcar de Barrameda. Seco, pálido y ligeramente salado.

3 Oloroso
Vino que pasa a una crianza parcialmente oxidativa, prácticamente carente de levadura de flor. Color ámbar oscuro y aroma a avellana.

4 Amontillado
Tipo intermedio entre el fino y el oloroso, deja de tener el velo de flor que lo protege de la oxidación, por lo que resulta más oscuro.

5 Palo Cortado
El aroma recuerda al amontillado, mientras que el color se acerca más al oloroso.

6 Crema de jerez
Este favorito internacional es parecido a los olorosos.

7 Pedro Ximénez
Cuando este vino dulce por naturaleza se envejece acertadamente resulta exquisito y aterciopelado.

8 *Brandy* de Jerez
Solo se produce en Jerez, y es más dulce y caramelizado que el francés. Se envejece en barricas que previamente han contenido vino de Jerez.

9 Málaga
Los famosos vinos dulces málaga se elaboran con uvas moscatel y Pedro Ximénez.

10 Raigal
Este vino, que resulta fresco al paladar, es uno de los pocos vinos espumosos de Andalucía.

TOP10 **Andalucía gratis**

1 **Archivo General de Indias, Sevilla**

Bajo la protección de la Unesco, el edificio del archivo *(ver p. 88)* fue mandado construir por Felipe II en 1573 como lonja de mercaderes y fue diseñado por el arquitecto Juan de Herrera (que trabajó en El Escorial). Contiene más de 80 millones de documentos, incluyendo cartas de Colón a los reyes Fernando e Isabel.

2 **Catedral, Sevilla**

Normalmente hay que pagar por recorrer esta catedral del siglo XV, situada sobre la base rectangular de una mezquita almohade, pero los oficios religiosos son gratis. La misa coral es a las 8.30 todos los días de octubre a mayo *(ver pp. 18-19)*.

3 **Mirador de San Nicolás, Granada**

En la plaza alta se puede tener una vista de la Alhambra y los alrededores y, en días claros, los picos de Sierra Nevada *(ver p. 17)*. Es un corto paseo por la colina desde la plaza Nueva a través de los callejones empedrados del Albaicín. Hay autobuses turísticos para personas con movilidad reducida.

4 **Patios, Córdoba**

MAPA D3

Desde la época romana y morisca, los cordobeses han usado sus patios para charlar

Bonito patio en Córdoba

y tomar el aire en verano. Muchos de los más antiguos se encuentran en la zona del Alcázar Viejo, entre el alcázar y San Basilio. Hay más en Santa Marina, alrededor de la iglesia de San Lorenzo y cerca de la Magdalena, y en la judería. Hay visitas organizadas para grupos, pero cualquiera puede explorar por sí mismo los patios abiertos al público. A principios de mayo, durante doce días, Córdoba celebra la Fiesta de los Patios, evento considerado Patrimonio Inmaterial de la Unesco desde 2012.

5 **Torre del Oro, Sevilla**

Esta torre de vigía militar de 12 caras, construida por la dinastía almohade en el siglo XIII, fue usada para controlar el acceso a Sevilla por el río Guadalquivir y más tarde se convirtió en cárcel. Su brillo dorado proviene de sus materiales de construcción –mortero, cal y paja prensada– reflejados en el río. La visita es gratis los lunes *(ver p. 85)*.

Torre del Oro, Sevilla

6 Arte callejero, Granada

Las calles y muros de Granada proporcionan un áspero lienzo para que pinten talentosos artistas callejeros. Algunos murales están inspirados en el pintor abstracto expresionista José Guerrero, y muchas de las obras son tan ingeniosas como atrevidas.

7 Centro de Arte Contemporáneo, Málaga

PLANO Q6 ▪ C/ Alemania
▪ 952 20 85 00 ▪ www.cacmalaga.eu

El CAC tiene una exposición permanente de artistas internacionales como Louise Bourgeois, Olafur Eliasson, Thomas Hirschhorn y Damian Hirst, así como de arte español posterior a 1980, además de exposiciones temporales.

8 Fundación Picasso Casa Natal, Málaga

PLANO R4 ▪ Plaza de la Merced 15
▪ 951 92 60 60 ▪ www.fundacion picasso.malaga.eu

El museo casa natal de Picasso, que alberga una selección de su obra, es gratis los domingos entre las 16.00 y las 20.00.

Teatro romano, ruinas de Acinipo

9 Ruinas de Acinipo, cerca de Ronda

MAPA D5 ▪ Ctra. Ronda-Sevilla km 22
▪ 952 18 71 19

Acinipo fue fundada en el 45 a. C. para albergar a los soldados retirados de las legiones romanas, y entre sus ruinas se encuentra un teatro romano todavía en uso.

10 Torcal de Antequera

Conocido por sus formaciones rocosas de piedra caliza, el Torcal ofrece excelentes zonas de senderismo (ver p. 107). Hay tres rutas señaladas.

TOP 10: CONSEJOS PARA AHORRAR

Tapas, gratis con una bebida

1 En Granada –ciudad y provincia– hay todavía tapas gratis con cada bebida en la mayoría de los bares. Esta costumbre se extiende a algunos bares de la provincia de Almería y Jaén.

2 A la hora de comer, pida el menú del día, que sale más económico y suele constar de dos o tres platos.

3 Si sale de copas, pida vino de la casa o cerveza de barril en lugar de cócteles.

4 A la hora de reservar trenes, busque opciones de bajo coste a través de los operadores Iryo o Renfe. Renfe ofrece pases gratuitos y descuentos según la edad y a quienes viajan en grupo.

5 Compre un bono turístico. La Granada Card, la Málaga Card y la Sevilla Card cubren el transporte público y ofrecen descuentos o entradas gratis en lugares de interés. Los precios varían. Jaén, Úbeda, Baeza y Ronda también tienen descuentos.

6 En Marbella, los precios son mucho más caros que en otros lugares.

7 Si es un visitante de fuera de la UE y regresa a su país con compras por un valor de 90,15 € o más, puede obtener un reembolso del 21% de IVA.

8 Evite los espectáculos de flamenco para turistas en Sevilla, vaya a bares y locales en Triana y otros puntos donde los cantaores actúan para la población local.

9 No vaya a ninguna de las principales ciudades en Semana Santa. Los precios de las habitaciones son caros, especialmente en los hoteles más elegantes. Agosto es también un mes caro.

10 Una buena opción es ir de camping, especialmente si quiere pasear por Grazalema, la Alpujarra o Sierra Nevada. Suelen estar a gran altitud, y son frescos y agradables incluso en verano. Precios a partir de 5 € la noche por tienda.

Festividades

1 Fiesta de los Reyes Magos
5 ene

Tradicionalmente esa tarde se conmemora la llegada de los tres Reyes Magos ante el pesebre de Jesús. En los desfiles en la región se presentan los tres reyes lujosamente ataviados que recorren las ciudades en pequeños carruajes tirados por tractores o caballos. Al día siguiente, la Epifanía, es cuando los niños reciben regalos.

Celebrando el carnaval

2 Carnavales
Feb

Casi todas las ciudades andaluzas celebran los carnavales *(ver p. 27)* –los de Cádiz son los más famosos–. Los disfraces, el baile y la diversión se suceden día y noche durante estas celebraciones. La anarquía consustancial a los carnavales gaditanos invita a la sátira política, por lo que Franco intentó –sin éxito– abolir estas fiestas.

3 Semana Santa
La fecha varía

La Semana Santa se celebra en cada pueblo y ciudad de Andalucía. Se organizan impresionantes procesiones, en particular en Sevilla *(ver p. 19)*. Las imágenes de Cristo y de la Virgen son transportadas en gigantescos pasos, a veces acompañadas con saetas. Los penitentes, vestidos de nazarenos, permanecen en respetuoso silencio o bien expresan su conmiseración por el sufrimiento de Jesucristo y su desconsolada Madre.

4 Romerías
May-oct

Casi todas las poblaciones andaluzas celebran su propia romería *(ver p. 19)*; participar en una de ellas es una experiencia inolvidable para el viajero. La más famosa es la del Rocío, que se celebra anualmente en Almonte. El nombre puede provenir de las antiguas peregrinaciones a pie hasta Roma.

5 Corpus Christi
La fecha varía

La celebración de Granada es la más famosa, con procesiones y fiestas seguidas de corridas de toros y flamenco.

Procesión del Corpus Christi

Fiesta de las Cruces
3 may

Conmemora la cruz encontrada por santa Elena en el siglo IV, en la que supuestamente murió Cristo. Las celebraciones varían según la ciudad; a veces hay concursos en los que se montan hermosas cruces de flores.

 Noche de San Juan
23 y 24 jun

Esta festividad en honor de san Juan Bautista se celebra en buena parte de Andalucía. Se organizan espectáculos de fuegos artificiales y se encienden hogueras en la mayoría de las localidades.

8 **Virgen del Carmen**
15 y 16 jul

Es la santa patrona de los marineros. Imágenes de la Virgen se llevan a bordo de barcos pesqueros engalanados para la ocasión, que salen hacia alta mar y regresan al puerto entre flores, fuegos artificiales, música y vítores.

Fiesta de la Virgen del Carmen

 Asunción de la Virgen
15 ago

La Ascensión de la Virgen a los cielos se celebra en toda Andalucía. Se montan coloridas casetas en las que se bebe y se baila. Este día marca el inicio de la Feria de Málaga, de una semana de duración.

 Fiesta de San Miguel
Última semana sep-primera semana oct

Estas fiestas, con corridas de toros, exposiciones y bailes, son particularmente notorias en Sevilla, Úbeda y el barrio del Albaicín, en Granada.

TOP 10: PRINCIPALES CELEBRACIONES

Bailando sevillanas

1 Festivales de flamenco
Meses de verano
Se celebran por toda la región.

2 Moros y Cristianos
Todo el año
Estas fiestas recuerdan la toma de las distintas ciudades por los cristianos.

3 Feria de Abril
Abr-may
Se celebra en Sevilla dos semanas después de Semana Santa (ver p. 86).

4 Festivales del vino
Abr-sep
Celebraciones en torno al vino y la vendimia.

5 Feria del Caballo
May
Se celebra en Jerez de la Frontera y se centra en los caballos andaluces.

6 Festivales de música y danza
Jun-jul
Granada alberga muchos de estos festivales.

7 Feria del Jamón
15 ago
Este festival gastronómico celebra el corte de jamón y organiza actividades como yincanas. También hay música en directo.

8 Festivales del jerez
Sep-oct
El Triángulo del Jerez (ver p. 106), en particular la ciudad de Jerez, rinde homenaje a sus vinos.

9 Fiesta de la Aceituna
Primera semana dic
La recolección de la aceituna se celebra en el pueblo de Martos (Jaén).

10 Fiesta de los Verdiales
28 dic
En Puerto de la Torre (Málaga) se celebra esta fiesta que se remonta a tiempos árabes.

Recorridos
por Andalucía
y la Costa del Sol

El puente romano sobre el río
Guadalquivir en Córdoba

TOP 10 Sevilla

Señorial y hospitalaria, la capital de Andalucía posee un fabuloso y antiquísimo patrimonio cultural. Su destino siempre ha estado ligado al Guadalquivir (río grande en árabe) y al comercio que este ha generado; hoy un precioso paseo bordeado de árboles ocupa buena parte de la ribera. Tiene una gran abundancia de joyas artísticas y arquitectónicas; además, cada uno de los barrios antiguos goza de su propio encanto. Los lugares de mayor interés –la impresionante catedral, los palacios árabes y renacentistas y varios museos espléndidos– se encuentran a escasa distancia a pie.

Azulejos mudéjares en la Casa de Pilatos

SEVILLA

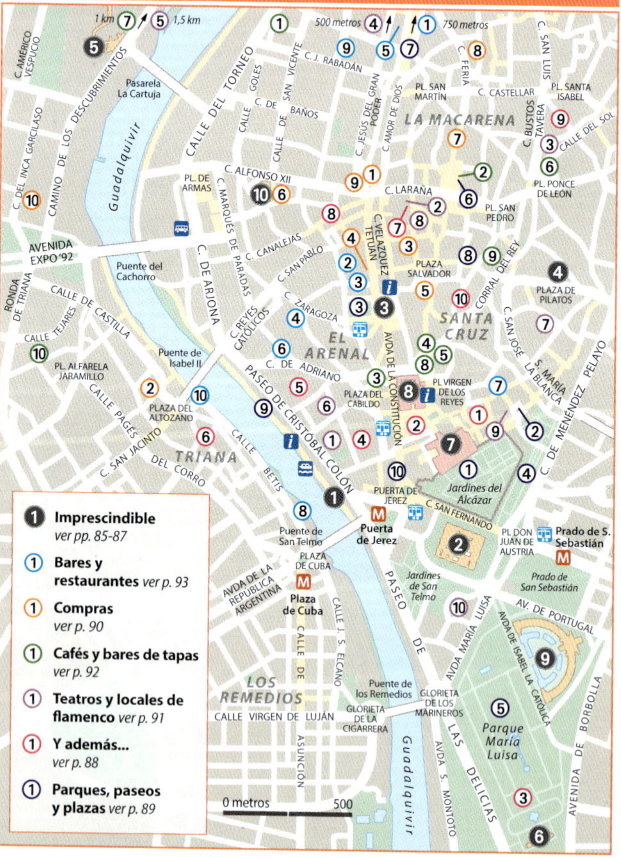

Imprescindible
ver pp. 85-87

Bares y restaurantes *ver p. 93*

Compras
ver p. 90

Cafés y bares de tapas
ver p. 92

Teatros y locales de flamenco *ver p. 91*

Y además...
ver p. 88

Parques, paseos y plazas *ver p. 89*

Vista desde el río de la Torre del Oro

① Torre del Oro y Torre de la Plata

PLANO L4 ▪ Torre del Oro: paseo de Colón ▪ 954 22 24 19 ▪ Horario: 10.00-14.00 lu-vi, 11.00-14.00 do y festivos; se cobra entrada: 3 € (excepto lu) ▪ Torre de la Plata: c/ Santander 15 ▪ Cerrada al público

Cuenta la leyenda que la Torre del Oro, imponente torre de vigía de planta dodecagonal levantada por los árabes en el siglo XIII, recibe su nombre de los azulejos dorados que un día la adornaron. Según otros, el nombre proviene de su utilización como almacén del oro que llegaba de América en la época de mayor esplendor de Sevilla. Hoy acoge un pequeño museo marítimo. A poca distancia se halla la Torre de la Plata, construcción octogonal más modesta, posiblemente llamada así en comparación con su vecina.

② Real Fábrica de Tabacos

PLANO M5 ▪ C/ San Fernando 4 ▪ 954 55 11 23 ▪ Horario: 8.00-20.30 lu-vi ▪ Visitas guiadas con cita, llamar antes

Hoy es parte de la universidad de Sevilla. Este hermoso edificio del siglo XVIII es el segundo en tamaño de España. Famosa por sus cigarreras, que antiguamente liaron la mayor parte del tabaco consumido en Europa, la fábrica quedó inmortalizada en la célebre ópera *Carmen*. La heroína de Bizet, cigarrera de sangre gitana, sigue siendo para muchos la encarnación de la pasión española.

③ Ayuntamiento

PLANO L3 ▪ Plaza Nueva 1 ▪ 955 47 02 64

Este edificio ha sido sede del ayuntamiento desde el siglo XVI. En el interior, las salas combinan los estilos gótico y renacentista y muestran objetos relativos a la historia de la ciudad y la monarquía. Las fachadas reflejan desde la obra plateresca renacentista original, con su cantería finamente tallada, hasta el intento del siglo XIX de copiar el estilo, visto desde la plaza de San Francisco. Frente al edificio, en la plaza Nueva, suelen celebrarse mercados al aire libre.

④ Casa de Pilatos

PLANO N3 ▪ Plaza de Pilatos 1 ▪ 954 22 52 98 ▪ Horario: 9.00-18.00 todos los días (abr-oct: hasta 19.00) ▪ Se cobra entrada ▪ www.fundacionmedinaceli.org

Considerada erróneamente reproducción del pretorio de Poncio Pilatos en Jerusalén, esta joya del siglo XV es la mansión más suntuosa de Sevilla *(ver p. 46)*. Muestra una fusión de estilos mudéjar, gótico y renacentista, aderezada con estatuas clásicas y azulejos. No hay que perderse el busto de Antinoo, que murió ahogado y fue divinizado por el emperador Adriano, su desconsolado amante.

Entrada al patio, Casa de Pilatos

⑤ Monasterio de la Cartuja de Santa María de las Cuevas

PLANO J1 ■ Centro Andaluz de Arte Contemporáneo ■ 955 03 70 70 ■ Horario: 11.00-21.00 ma-sá, 10.00-15.30 do; se cobra entrada ■ www.caac.es

Este monasterio cartujo del siglo XV ha tenido una agitada historia. Durante la época de prosperidad de España fue el retiro preferido de Cristóbal Colón, cuyos restos mortales permanecieron aquí enterrados durante varias décadas. Más tarde, los monjes decoraron el vasto edificio con obras de algunos de los mayores artistas de Sevilla –casi todas las pinturas se hallan hoy en el Museo de Bellas Artes *(ver p. 87)*–. En 1841 pasó a ser una fábrica de cerámica. En la actualidad alberga el Centro Andaluz de Arte Contemporáneo.

Depósitos de agua bajo el Real Alcázar

⑦ Real Alcázar

Este fastuoso palacio *(ver pp. 20-21)* fue un proyecto de Pedro I, quien lo mandó construir como fastuoso refugio para él y su amante, María de Padilla.

⑧ La catedral de Sevilla y la Giralda

Se dice que cuando los sevillanos decidieron construir esta catedral, en el siglo XV, proclamaron su intención de erigir una obra tan inmensa que las generaciones venideras la considerarían inaudita. Lograron su propósito, pues es el templo mayor (en cuanto a volumen) de toda la cristiandad *(ver pp. 18-19)*.

Museo Arqueológico

⑥ Museo Arqueológico

PLANO N6 ■ Plaza de América ■ 955 12 06 32 ■ Cerrado por reformas hasta 2026 ■ Se cobra entrada

Este pabellón de estilo renacentista diseñado por el arquitecto Aníbal González también se erigió con motivo de la Exposición de 1929. El museo abarca desde hallazgos paleolíticos, que se exhiben en el sótano, hasta espléndidas obras romanas y árabes en el piso superior. No hay que perderse el tesoro tartesio del Carambolo. El conjunto de esculturas romanas es el más importante de España.

FERIA DE ABRIL

Esta feria *(abajo)* de siete días de duración, toda una explosión de color y alegría, tiene lugar dos semanas después de Semana Santa. Los hombres visten chaquetilla corta y sombrero cordobés y van a lomos de caballos andaluces, llevando a la grupa mujeres vestidas con traje de faralaes. Se montan casetas profusamente decoradas a las que solo se accede previa invitación. Cientos de miles de bombillas iluminan el recinto, en el aire resuena la música y la diversión se prolonga hasta la madrugada. El recinto de la feria está situado al sur del río.

9 ## Plaza de España
PLANO N6

La plaza semicircular se diseñó como pieza central de la Exposición Iberoamericana de 1929. Está cubierta casi por completo por preciosos azulejos que representan hitos históricos y motivos heráldicos de todas las provincias de España. El canal que recorre el perímetro está cruzado por pintorescas pasarelas. La plaza se utilizó como escenario del episodio tercero de la famosa película *La guerra de las galaxias: la guerra de los clones.*

Galería del Museo de Bellas Artes

10 ## Museo de Bellas Artes
PLANO K2 ■ Plaza del Museo 9 ■ 955 54 29 42 ■ Horario: ago: 9.00-15.00 ma-sá; sep-jul: 9.00-21.00 ma-sá, 9.00-15.00 do ■ Se cobra entrada (gratis ciudadanos UE)

Este museo *(ver p. 52)* solo es superado por el Prado en cuanto a su colección de maestros españoles. Ocupa un antiguo convento del siglo XVII y se centra en la escuela sevillana, con obras de Zurbarán, Cano, Valdés Leal y Murillo; destaca la *Virgen de la servilleta,* de este último. No hay que perderse el retrato que El Greco realizó de su hijo, o la talla de san Jerónimo, del florentino Pietro Torregiano, contemporáneo de Miguel Ángel.

UN PASEO POR EL BARRIO DE SANTA CRUZ

Cervecería Giralda
Calle Mateos Gago
Catedral
Casa Plácido
Calle Santa Teresa 8
Hospital de los Venerables
Plaza Santa Cruz
Real Alcázar
Arco de la Judería
Callejón del Agua
Jardines de Murillo

▶ **MAÑANA**

Comience en el **Real Alcázar** *(ver pp. 20-21),* en el patio de Banderas. Gire a la derecha para encontrar el **Arco de la Judería;** este pasaje cubierto conduce al Callejón del Agua, que discurre junto a la muralla meridional del antiguo barrio de la Judería. A medida que avanza, contemple los frondosos patios de las casas, impecablemente encaladas. El escritor Washington Irving se alojó en el n° 2. Cuando termina la muralla se divisan los **jardines de Murillo,** a la derecha *(ver p. 89).*

Retroceda en dirección a la **plaza de Santa Cruz** *(ver p. 89).* La iglesia que da nombre al barrio fue reducida a cenizas por los franceses en 1810. Una cruz de hierro forjado del siglo XVII ocupa hoy su lugar. Atraviese un par de calles hacia el oeste para llegar al **hospital de los Venerables** *(ver p. 88),* donde debe visitar el patio y el museo.

Para comer pruebe las tapas tradicionales de **Casa Plácido** *(ver p. 93).*

TARDE

Desde aquí, continúe en dirección sur hasta la calle de **Santa Teresa** n° 8, antigua residencia del artista Bartolomé Murillo *(ver p. 54),* quien murió aquí en 1682 mientras pintaba el retablo de los Capuchinos, en Cádiz.

Finalmente dé la vuelta y tome la dirección a la **catedral** *(ver pp. 18-19)* y, después, por **Mateos Gago.** En el n° 1 se encuentra la **cervecería Giralda** *(954 22 82 50),* ideal para tomar tapas a cualquier hora.

Ver plano en p. 84 ←

Y además...

Frescos de Valdés Leal, hospital de los Venerables

① Hospital de los Venerables

PLANO M4 ■ Plaza de los Venerables 8 ■ Horario: 10.00-19.00 lu-sá, 10.00-15.00 do ■ Se cobra entrada ■ www.fundacionfocus.com

Este antiguo asilo de ancianos, fundado en el siglo XVII, hoy funciona como centro cultural. La iglesia presenta un techo de trampantojo de Juan Valdés Leal.

② Archivo General de Indias

PLANO M4 ■ Avda. de la Constitución 3 ■ 954 50 05 28 ■ Horario: 9.30-16.30 lu-sá, 9.30-13.30 do

El Archivo General de Indias custodia documentos relativos al descubrimiento de América *(ver p. 78)*.

③ Museo de Artes y Costumbres Populares

Plaza de América 3 ■ 955 54 29 51 ■ Horario: 9.00-21.00 ma-sá (16 jun-15 sep: hasta 15.00), 9.00-15.00 do ■ Se cobra entrada

Se exponen trajes, instrumentos musicales, orfebrería y cerámica.

④ Hospital de la Caridad

PLANO L4 ■ C/ Temprado 3 ■ Horario: 10.00-19.00 lu-vi, 14.00-19.00 sá y do ■ Se cobra entrada (gratis 15.30-19.00 lu) ■ www.santa-caridad.es

Fundado por Miguel de Mañara, en la capilla se pueden ver obras de artistas sevillanos.

⑤ Real Maestranza

PLANO L3 ■ Paseo de Cristóbal Colón 12 ■ Horario: 9.30-21.30 todos los días (abr-oct: hasta 21.00) ■ www.realmaestranza.es

La plaza de toros sevillana, llamada "catedral del toreo", comienza su temporada en abril.

⑥ Barrio de Triana

PLANO K4

Este barrio es famoso por su cantera de toreros, artistas flamencos y espléndida cerámica *(ver p. 90)*.

⑦ Casa de la Condesa de Lebrija

PLANO M2 ■ C/ Cuna 8 ■ 954 22 78 02 ■ Horario: 10.00-18.00 todos los días (jul-ago: lu-sá) ■ Se cobra entrada

Mansión del siglo XV decorada con mosaicos de Itálica *(ver p. 97)*.

⑧ Museo de las Ilusiones

PLANO M1 ■ Calle San Eloy 28 ■ 955 66 98 39 ■ Horario: 10.00-22.00 todos los días ■ Se cobra entrada ■ www.moisevila.es

El cuarto infinito, la habitación antigravedad y el túnel del vórtice son algunas de las diversiones que ofrece este museo.

⑨ La Macarena

PLANO N1

Este barrio alberga la iglesia rococó de San Luis, el convento del siglo XV de Santa Paula y el adorado icono religioso de Sevilla, la Virgen de la Macarena, que en Semana Santa *(ver p. 80)* sale en procesión.

⑩ Museo del Baile Flamenco

PLANO M3 ■ C/ Manuel Rojas Marcos 3 ■ 954 34 03 11 ■ Horario: 12.30-18.00 todos los días ■ Se cobra entrada

Puerta de entrada al mágico mundo del flamenco.

Parques, paseos y plazas

1 **Real Alcázar**
Estos jardines combinan los estilos morisco y renacentista italiano *(ver pp. 20-21)*.

2 **Plaza Santa Cruz**
PLANO N4
Se creó en el terreno que antes ocupaba una iglesia destrozada por los soldados de Napoleón. Hoy adorna la plaza la cruz de la Cerrajería, de hierro.

3 **Plaza de San Francisco y plaza Nueva**
PLANO L3 Y M3
Estas plazas representan el corazón de Sevilla. La plaza de San Francisco (o plaza Mayor) es la más antigua de la ciudad; aquí se celebran espectáculos públicos. La plaza Nueva tiene un monumento a Fernando el Santo.

4 **Jardines de Murillo**
PLANO N4
Estos jardines de corte formalista son fruto de la cesión, en 1911, de la huerta del Retiro del Alcázar. Reciben el nombre del pintor sevillano Bartolomé Murillo *(ver p. 54)*. El monumento a Colón tiene una proa de bronce de la Santa María, la carabela que le llevó a América en 1492.

5 **Parque de María Luisa**
PLANO M6
Este parque domina el extremo meridional de la ciudad. Su diseño actual, que abarca la inmensa plaza de España, se trazó con motivo de la Exposición celebrada en 1929 *(ver p. 59)*. Se pueden contemplar pavos reales.

Parque de María Luisa

6 **Plaza de la Encarnación**
PLANO M2
Alberga "las Setas", que es como llaman los sevillanos a la intrigante arquitectura del complejo Metropol Parasol, así como tiendas, un mirador y un museo arqueológico subterráneo.

Plaza de la Encarnación

7 **Alameda de Hércules**
PLANO M1
Está rematada por parejas de columnas en los extremos, incluida una pareja de columnas romanas por el sur. Cuenta con multitud de bares y restaurantes de moda que atraen a un público moderno.

8 **Plaza de la Alfalfa**
PLANO M2
En su día fue mercado de alfalfa. Más tarde mercadillo de animales y ahora una buena zona para ir a tiendas de ropa, incluidas varias *boutiques* de flamenco y tiendas únicas de accesorios, bares y restaurantes.

9 **Paseo Alcalde Marqués de Contadero**
PLANO L4
Con la Torre del Oro en un extremo *(ver p. 85)*, esta avenida ribereña es perfecta para un paseo *(ver p. 58)*.

10 **Calle San Fernando y avenida de la Constitución**
PLANO M5
Estas dos calles conforman un paseo peatonal que cruza el corazón de Sevilla amenizado con exposiciones de arte.

Ver plano en p. 84

Compras

1 El Corte Inglés
PLANO L2 ▪ Plaza del Duque de la Victoria 8

La variedad de sus productos es impresionante. Los grandes almacenes más importantes de España no solo ofrecen ropa y accesorios, sino también perfumes, artículos para el hogar y productos deportivos. También hay tienda *gourmet* y salón gastronómico, además de un supermercado.

Piezas expuestas en Cerámica Triana

2 Cerámica Triana
PLANO J4 ▪ C/ Callao 14 ▪ 954 33 21 79

El mejor lugar para adquirir la famosa cerámica de Triana. Inaugurado en 1870, vende reproducciones de azulejos del siglo XVI. Al lado se encuentra la antigua fábrica de cerámica, que ahora es un museo.

3 López Guarnicionería
PLANO M3 ▪ C/ Cuna 34 ▪ 954 21 69 23

Artículos de cuero de calidad hechos a mano, desde carteras y bolsos hasta artículos ecuestres y accesorios de moda.

4 Massimo Dutti
PLANO L2 ▪ C/ Velázquez 12 ▪ www.massimodutti.com

Cadena española con diseños atemporales para hombre y mujer.

5 Aurora Gaviño
PLANO M3 ▪ C/ Álvarez Quintero 16 ▪ 628 24 56 26

Un buen lugar para derrochar en trajes de flamenco, mantillas, chales y otros accesorios esenciales para tomar parte en las ferias que se celebran en la región *(ver pp. 80-81)*.

6 Mercado de arte
PLANO K2 ▪ Plaza del Museo 9

Los domingos por la mañana, entre las 9.00 y las 14.00, los artistas de la zona exponen sus obras. Aquí podrá encontrar recuerdos originales de Sevilla.

7 Botellas y Latas
PLANO M1 ▪ C/ Regina 14 ▪ 954 29 31 22

Este vendedor de vino y *delicatessen* ofrece una amplia selección de productos *gourmet* de la zona y excelentes vinos españoles. El dueño, Carlos, es muy agradable.

8 El Mercadillo
PLANO M1 ▪ Calle de la Feria ▪ Horario: 8.00-15.00 ju

Junto a la Alameda de Hércules *(ver p. 89)* el ecléctico mercadillo de segunda mano más famoso de Sevilla se instala el jueves. Se venden objetos de segunda mano, libros y carteles. Resulta entretenido ir a la caza de algún posible tesoro.

9 Mercado 'hippy'
PLANO L2 ▪ Plaza del Duque de la Victoria ▪ Horario: 9.00-20.30 mi-sá

Se pueden adquirir joyas realizadas a mano, objetos de cuero, ropa única y otros bonitos objetos de artesanía.

10 Centro Comercial Torre Sevilla
PLANO J2 ▪ C/ Gonzalo Jiménez de Quesada 2

Este centro comercial al aire libre cuenta con gran cantidad de tiendas minoristas y restaurantes.

Ver plano en p. 84

Teatros y locales de flamenco

Representación, teatro de la Maestranza

① Teatro de la Maestranza
PLANO L4 ▪ Paseo de Cristóbal Colón 22 ▪ 954 22 33 44 ▪ www.teatrodelamaestranza.es

El principal teatro de Sevilla se construyó sobre una antigua fábrica de explosivos con motivo de la Expo '92. Presenta fundamentalmente las óperas que se enmarcan en la ciudad, como *Carmen*, *Don Juan*, *Las bodas de Fígaro* y *El barbero de Sevilla*.

② Casa de la Memoria de Al-Ándalus
PLANO M2 ▪ C/ Cuna 6 ▪ 954 56 06 70 ▪ Los horarios varían, consultar la web ▪ www.casadelamemoria.es

Este centro cultural está dedicado al flamenco y en él se celebran exhibiciones, conciertos y espectáculos de danza.

③ Sala Cero
PLANO N2 ▪ C/ Sol 5 ▪ 954 22 51 65 ▪ www.salacero.com

Esta sala ofrece producciones teatrales y de música regional.

④ Teatro Alameda
C/ Crédito 11 ▪ 954 47 44 94 ▪ www.teatroalamedasevilla.org

Este modesto teatro ofrece teatro andaluz contemporáneo y flamenco.

⑤ Teatro Central
PLANO J1 ▪ C/ José de Gálvez 6, Isla de Cartuja ▪ 955 54 21 55 ▪ Cerrado jul-sep

Este teatro moderno junto al río acoge el ciclo *Flamenco viene del sur* y espectáculos de teatro, danza y música.

⑥ Tablao El Arenal
Este local lleva albergando espectáculos de flamenco desde hace cuatro décadas. Se puede beber, tomar tapas o cenar mientras se ve el espectáculo. Si se ve el primer espectáculo, el segundo es gratuito.

⑦ La Carbonería
PLANO N3 ▪ C/ Céspedes 21A ▪ 954 22 99 45 ▪ Espectáculos lu y ju

Un auténtico bar de flamenco, relajado y con buen ambiente.

⑧ Teatro Flamenco Sevilla
PLANO M2 ▪ C/ Cuna 15 ▪ Horario: 17.30, 19.30 y 21.00 todos los días ▪ www.teatroflamencosevilla.com

Un lugar único donde artistas consagrados hacen revivir las emociones del flamenco, con baile y música.

⑨ Los Gallos
PLANO N4 ▪ Plaza de Santa Cruz 11 ▪ 954 21 69 81 ▪ Horario: 19.00 y 20.45 todos los días ▪ www.tablaolosgallos.com

El tablao más antiguo de Sevilla cuenta con un excelente cuadro de artistas flamencos.

⑩ Teatro Lope de Vega
PLANO M5 ▪ Avda. de María Luisa ▪ 955 47 28 22 ▪ www.teatrolopedevega.org

Este teatro de estilo neobarroco se construyó en 1929. Se presentan piezas dramáticas clásicas y modernas, así como obras musicales.

Interior del Teatro Lope de Vega

Cafés y bares de tapas

El Rinconcillo, probablemente el bar de tapas más auténtico de España

① Sala Malandar
PLANO K1 ▪ C/ Torneo 43
▪ 690 95 39 12 ▪ www.salamalandar.com

Venga a esta relajada sala para oír una gran variedad de música de la mano de grupos en directo o de DJ.

② Premier Sherry Cocktail Bar
PLANO L3 ▪ C/ Jaén 1C ▪ 955 13 30 32

Ambiente animado y una excelente selección de vinos, jerez y cócteles. Se ofrecen catas para grupos.

③ Casa Morales
PLANO L3 ▪ C/ García de Vinuesa 11 ▪ 954 22 12 42

Este bar, considerado el segundo más antiguo de la ciudad (1850), no parece haber cambiado mucho. Las bebidas aún se sirven en viejas barricas.

④ Antigüedades
PLANO M3 ▪ C/ Argote de Molina 40 ▪ 954 56 51 27

El excéntrico decorado interior de este bar cambia cada pocos meses. Los precios razonables de la cerveza atraen a locales y turistas.

⑤ Pura Vida Terraza
PLANO M3 ▪ Hotel Fontecruz, Calle Segovia 6 ▪ 667 71 74 44

Esta animada terraza con piscina es ideal para relajarse, tomarse un cóctel y disfrutar de las vistas de la ciudad. También sirven cerveza y vino.

⑥ El Rinconcillo
PLANO M2 ▪ C/ Gerona 40
▪ 954 22 31 83

La taberna más antigua de la ciudad se remonta a 1670 y es una parada indispensable en su viaje por Sevilla. Amplia variedad de comida tradicional árabe-andaluza.

⑦ Antique Theatro
C/ Matemáticos Rey Pastor y Castro, La Cartuja ▪ 666 55 05 50
▪ Cerrado lu-mi

Póngase su mejor atuendo para ir a la discoteca más exclusiva de Sevilla y quizá pase de la puerta. En verano, la terraza exterior Aqua ofrece toda clase de actuaciones en directo.

⑧ La Terraza de EME
PLANO M3 ▪ C/ Alemanes 27, 4ª planta de EME Catedral Hotel
▪ 954 56 00 00

Deléitese con las espectaculares vistas de la catedral y la Giralda mientras se toma un cóctel en la terraza del lujoso hotel Eme.

⑨ Bar El Garlochi
PLANO M2 ▪ C/ Boteros 26

Es una institución gracias a su decoración religiosa, exuberancia barroca y unos parroquianos animados. Su cóctel más famoso es el *Sangre de Cristo*.

⑩ Puratasca
PLANO J3 ▪ C/ Numancia 5
▪ 954 33 16 21

Descubra los deliciosos toques que le dan a los clásicos en este bar de tapas. La carta cambia con la temporada.

Otros bares y restaurantes

(1) Restaurante Arte y Sabor
PLANO M1 ▪ Alameda de Hércules 85 ▪ 695 28 84 50 ▪ €

Cocina marroquí y española, con opciones para veganos y vegetarianos. La terraza es un lugar ideal para sentarse y disfrutar del ambiente de la Alameda.

(2) Lobo López
PLANO L3 ▪ Calle de Rosario 15 ▪ 854 70 58 34 ▪ €

Este elegante restaurante, escondido en una calle lateral, ofrece cocina internacional de fusión. Pruebe el *risotto* de carabineros.

(3) Casa La Viuda
PLANO L3 ▪ C/ Albareda 2 ▪ 954 21 54 20 ▪ €

Variedad de platos clásicos y tapas en esta bodega premiada por Michelin. No hay que perderse su famoso bacalao.

Taberna del Alabardero

(4) Taberna del Alabardero
PLANO L3 ▪ C/ Zaragoza 20 ▪ 954 50 27 21 ▪ €€

Este restaurante ha conseguido una estrella Michelin. El lugar es elegante y en sus menús destacan los platos de carne y los pescados y mariscos.

> **PRECIOS**
> Una comida de tres platos con media botella de vino (o equivalente), servicio e impuestos incluidos.
>
> € menos de 30   €€ 30-50   €€€ más de 50

(5) El Disparate
PLANO M1 ▪ Alameda de Hércules 31 ▪ 680 12 74 13 ▪ €€

Innovador restaurante con una estrella Michelin. Cocina mediterránea fresca elaborada con ingredientes locales y de temporada.

(6) Mechela Arenal
PLANO L3 ▪ C/ Pastor y Landero 20 ▪ 955 28 25 66 ▪ €€

Recetas tradicionales con un enfoque moderno e ingredientes locales, como el *carpaccio* de gamba blanca con pesto de aguacate.

(7) Casa Plácido
PLANO M3 ▪ C/ Mesón del Moro 11 ▪ 954 56 39 71 ▪ €

Entre jamones, barriles de jerez y carteles antiguos ofrece tapas tradicionales.

(8) Abades Triana
PLANO L5 ▪ C/ Betis 69 ▪ 954 28 64 59 ▪ €€€

Este moderno restaurante tiene una ubicación imponente en el río. Se puede reservar una mesa en la zona privada El Cubo, donde el suelo "flotante" es de cristal

(9) Espacio Eslava
PLANO L1 ▪ C/ Eslava 3-5 ▪ 954 90 65 68 ▪ €€

Este bar sirve tapas tradicionales con un toque nuevo a partir de productos frescos y de temporada.

(10) Mariatrifulca
PLANO K4 ▪ Puente de Isabel II ▪ 954 33 03 47 ▪ €€

Comida sevillana con un toque contemporáneo e impresionantes vistas de la ciudad y el Guadalquivir.

Ver plano en p. 84

TOP 10 Provincias de Sevilla y Huelva

El irresistible encanto de la capital andaluza atrae a miles de viajeros, pero la provincia de Sevilla y la vecina Huelva se encuentran entre las zonas menos visitadas de Andalucía y mantienen su carácter rural: el tiempo pasa con lentitud y las antiguas tradiciones prevalecen. Huelva cuenta con la espléndida Reserva Natural de Doñana, esencial para el medioambiente europeo, y playas tan hermosas como solitarias. En ambas provincias la riqueza cultural es considerable, y existen sorprendentes y antiquísimos tesoros artísticos que el visitante puede contemplar sin multitudes, lo que supone un agradable contraste con otros rincones de Andalucía con mayor afluencia de turistas.

Campanario, Écija

PROVINCIAS DE SEVILLA Y HUELVA

- **1** Imprescindible
  ver pp. 95-97
- **1** Restaurantes
  ver p. 101
- **1** Compras
  ver p. 99
- **1** Cafés y bares de tapas
  ver p. 100
- **1** Y además...
  ver p. 98

0 kilómetros · 30

La ermita de El Rocío

 **El Rocío**
MAPA B4

La Aldea del Rocío pertenece al término municipal de Almonte. Las casas blancas y las calles de tierra caracterizan esta población, presidida por la ermita de la Virgen del Rocío. En Pentecostés se celebra la romería del Rocío, en homenaje a la Virgen, conocida como la Blanca Paloma. Acuden más de un millón de personas y casi un centenar de hermandades que peregrinan hasta llegar a la aldea almonteña (ver p. 36).

② Parque Nacional de Doñana

La reserva natural más grande de Europa (ver pp. 36-37) incluye humedales y dunas movedizas que gradualmente avanzan tierra adentro. Solo se puede recorrer en visitas con guía.

③ Huelva

MAPA A4 ■ Museo de Huelva: Alameda Sundheim 13 ■ 959 65 04 24 ■ Horario: jul-med sep: 9.00-15.00 ma-do; med sep-jun: 9.00-21.00 ma-sá, 9.00-15.00 do ■ Se cobra entrada (gratis ciudadanos UE)

Fundada por los fenicios, alcanzó su cenit en tiempos romanos; el Museo Provincial exhibe hallazgos de la época. Cristóbal Colón partió del puerto de Palos, cerca de la ciudad. Huelva fue el principal puerto para el comercio con el Nuevo Mundo, hasta que Sevilla le arrebató el protagonismo.

Parque Minero de Riotinto

④ Parque Minero de Riotinto

MAPA B3 ■ Museo Minero: Plaza Ernest Lluch ■ Horario: 10.30-15.00 y 16.00-20.00 ma-do (hasta 19.30 lu) ■ Se cobra entrada ■ www. parquemineroderiotinto.es

Las minas más antiguas del mundo, se han explotado como fuente de riqueza mineral durante unos 5.000 años. La extracción gradual de ricos minerales ha dejado un extraño paisaje lunar con grietas de diversas tonalidades.

Carmona y la torre de su castillo

7 Écija

MAPA D3 ▪ Museo Histórico Municipal: Palacio de Benamejí, C/ Cánovas del Castillo 4 ▪ 955 90 29 19 ▪ Los horarios varían, consultar la web ▪ Cerrado lu ▪ museo.ecija.es

Posee un interesante conjunto monumental con 11 campanarios barrocos decorados con azulejos. Merece la pena visitar los palacios del conde de Valhermoso y de Valverde, las iglesias de Santiago y de San Juan Bautista y el Museo Histórico Municipal. En verano alcanza temperaturas muy elevadas.

5 Carmona

MAPA C3 ▪ Necrópolis: Avda. Jorge Bonsor 9 ▪ 600 14 36 32 ▪ Los horarios varían; llamar antes ▪ Cerrado lu

Carmona ha estado habitada ininterrumpidamente durante más de 5.000 años. Sus vestigios romanos son excepcionales, en particular la gigantesca necrópolis. No hay que perderse las vistas de las extensas llanuras desde la puerta de Córdoba, levantada por los romanos. La ciudad posee soberbios templos, palacios y un alcázar, convertido en parador (ver p. 141).

Pieza del Museo de Osuna

8 Osuna

MAPA D4 ▪ Museo de Osuna: C/ Sevilla 37 ▪ 954 81 57 32 ▪ Horario: 10.00-14.00 y 17.00-20.00 ma-do (verano: 9.30-14.30 ma-ju, sá y do, 9.30-14.30 y 19.00-21.00 vi)

Osuna posee un conjunto arquitectónico renacentista excepcional, con elementos como la iglesia, la colegiata y la universidad. La colegiata de la Asunción domina la ciudad; en el interior se halla un lienzo de la Crucifixión, de José de Ribera. La universidad tiene torres decoradas con azulejos y cuenta con un patio central. El Museo de Osuna alberga una exposición dedicada a la serie *Juego de tronos*, que se rodó aquí.

6 Cazalla de la Sierra

MAPA C3 ▪ Centro de Cultura de la Cartuja de Cazalla ▪ 951 19 34 46 ▪ Horario: 11.00-15.00 sá, do y festivos ▪ Se cobra entrada ▪ www.lacartujadecazalla.com

La localidad principal de la sierra Norte de Sevilla está situada en una empinada ladera y tiene un conjunto de casas encaladas. Cazalla de la Sierra es famosa por su producción de anís. Muchos sevillanos acuden a pasar el fin de semana. A 3 kilómetros de Cazalla se encuentra la Cartuja de Cazalla, que ocupa un emplazamiento privilegiado; hoy funciona como hotel y como centro de cultura contemporánea.

DEL LATIFUNDIO A LA TIERRA COLECTIVA

El fértil valle de la campiña ha estado en manos de la aristocracia desde que los Reyes Católicos establecieron latifundios que funcionaron como feudos. Los campesinos que trabajaban las tierras eran tratados como siervos. El alcalde de Marinaleda movilizó a sus vecinos y realizaron una serie de manifestaciones y ocupaciones de fincas privadas para reivindicar su derecho a trabajar esas tierras.

⑨ Gruta de las Maravillas

MAPA B3 ▪ C/ Pozo de la Nieve, Aracena ▪ 663 93 78 76 ▪ Horario: 10.00-13.30, 15.00-18.00 todos los días ▪ Se cobra entrada

La visita con guía por estas cuevas recorre bellas galerías. Además de las 12 salas, hay 6 lagos subterráneos que crean espectaculares efectos visuales. El Gran Lago se halla bajo un techo abovedado de 70 metros de altura. También se pueden visitar la Sala de las Conchas, el Salón de los Brillantes, el Salón de la Esmeralda, el Salón de la Cristalería de Dios y el Salón de los Desnudos.

Dentro de la gruta de las Maravillas

⑩ Itálica

MAPA B3 ▪ Avda. de Extremadura 2, Santiponce ▪ 600 141 767 ▪ Horario: ene-med jun y med sep-dic: 9.00-18.00 ma-sá, 9.00-15.00 do (med mar-med jun: hasta 21.00 vi y sá); med jun-med sep: 9.00-15.00 ma-sá ▪ Se cobra entrada (gratis para ciudadanos UE)

Fue en su día la tercera ciudad en tamaño del Imperio Romano. Se fundó en 206 a. C. y alcanzó una población de medio millón de habitantes durante el reinado del emperador Adriano, en el siglo II, quien siguió los pasos de su predecesor Trajano. Hay que recorrer el gigantesco anfiteatro y contemplar los mosaicos cercados por murallas a medio derruir. Muchas de las joyas permanecen bajo tierra o han sido trasladadas al Museo Arqueológico de Sevilla *(ver p. 86)*.

MEDIO DÍA EN SANTIPONCE

▶ **MAÑANA**

A 7 km al norte de Sevilla está Santiponce, una ciudad famosa por albergar las ruinas de la ciudad romana de Itálica. Empiece yendo al **monasterio de San Isidoro del Campo** *(avenida de San Isidoro del Campo 18)*, fundado en 1301 por Alonso Pérez de Guzmán. Este inmenso complejo cuenta con dos iglesias y combina estilos gótico, barroco, languedoc y mudéjar.

Desde el monasterio, a 20 minutos andando hacia el norte se encuentra **Cotidiana Vitae** *(plaza de la Constitución)*, cerca del **Teatro Romano de Itálica** *(en la actualidad solo abre para conciertos u obras de teatro)*. Este centro cultural recrea la vida cotidiana de los romanos del siglo II, tanto en las casas como en la calle.

Al salir de la ciudad hacia el norte por la avenida de Extremadura gire a la derecha en la Avda. Rocío Vega para comer en **La Caseta De Antonio** *(Avda. Rocío Vega 10; 955 99 63 06)*. Pruebe uno de sus deliciosos arroces.

TARDE

Tras comer diríjase a **Itálica**, la primera ciudad romana de la península ibérica. Al pasear por el recinto de este antiguo asentamiento descubre mosaicos asombrosos, un templo, los restos de las termas y un anfiteatro para 2.500 espectadores.

Remate la tarde con una taza de café en uno de los restaurantes próximos a las ruinas.

Ver mapa en pp. 94-95

Y además...

① Jabugo
MAPA B3

Este pueblo produce los jamones más famosos de España. El de pata negra recibe el nombre por los cerdos negros que se alimentan en la sierra de Aracena.

② Niebla
MAPA B4

Las murallas levantadas por los árabes en el siglo XII dan fe del protagonismo que tuvo este pueblo a la hora de defender el territorio. Las murallas tienen una longitud de 2,5 kilómetros.

③ Parque de Sierra de Aracena y Picos de Aroche
MAPA B2

Esta agreste zona *(ver p. 60)* ofrece vistas de gran belleza y cuenta con fauna interesante.

④ Aroche
MAPA A2 ▪ **Museo del Santo Rosario: Calle Fray Juan Bross** ▪ **859 99 30 38** ▪ **Horario: med may-sep: 11.00-15.00 ju-do y festivos; oct-med may: 10.00-14.00 y 16.00-18.00 vi-do y festivos**

Este pueblo contiene un lugar peculiar, el Museo del Santo Rosario, donde se exhiben rosarios que han pertenecido a la madre Teresa de Calcuta o a John F. Kennedy.

⑤ Cortegana
MAPA B3

El castillo del siglo XIII de este pueblo es uno de los mayores de la zona.

El pueblo de Cortegana

⑥ Aracena
MAPA B3

Precioso pueblo, capital de la sierra del mismo nombre, desde cuyo castillo en ruinas hay bonitas vistas.

⑦ Almonaster la Real
MAPA B3

La mezquita del siglo X *(ver p. 44)*, el castillo y la plaza de toros se apiñan en la ciudadela *(ver p. 56)*.

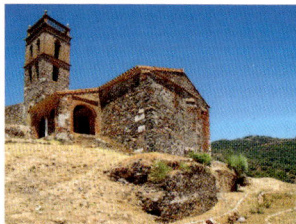

La mezquita de Almonaster la Real

⑧ Santa Olalla del Cala
MAPA B3

En el corazón de la zona jamonera, este pueblo tiene un castillo del siglo XII y una iglesia barroca del siglo XV.

⑨ Alájar
MAPA B3

Pequeño pueblo *(ver p. 56)* con calles adoquinadas y casas encaladas.

⑩ Zufre
MAPA B3

Esta villa tiene cierto parecido con Ronda *(ver pp. 30-31)*. El paseo de los Alcaldes se adorna con rosas y tilos. El mirador brinda hermosas vistas de la llanura.

Compras

1 Mercados de Aroche
Los jueves se instala un mercado en este pueblo onubense. El mercado de la plaza de Abastos ofrece productos frescos, entre los que destaca el queso de cabra, de sabor fuerte.

2 Recuerdos
En Aracena conviene dirigirse a la calle empedrada Pozo de la Nieve, con tiendas de objetos de recuerdo. En la Aldea del Rocío (ver p. 95), hay puestos al lado de la ermita que venden toda clase de artículos relacionados con la famosa romería (ver p. 36).

3 Artesanía
Valverde del Camino es famoso, además de por el calzado, por los objetos de cuero, muebles y espléndidas cajas de madera. No hay que perderse los bordados de Aracena y Bollullos del Condado, o los manteles de lino de Cortegana y Moguer. Alrededor de Huelva se vende cestería, y cerca de la costa es común ver productos marroquíes.

4 Alfarería
La alfarería de la zona muestra motivos ornamentales de influencia árabe. Se pueden adquirir vasijas, jarras y platos vidriados en azul, verde y blanco.

5 Cuero
Los objetos de cuero más sobresalientes son los de Valverde del Camino, principalmente las botas camperas o rocieras. Son muchos los comercios que venden calzado. Existen artesanos que trabajan por encargo: tardan tres o cuatro días en confeccionar un par de zapatos. Hay talleres especializados en fabricar monturas y riendas.

Jamón ibérico de Jabugo

Cerámica local

6 Jamón
En el mesón Sánchez Romero Carvajal, en Jabugo, se pueden comprar exquisitos jamones.

7 La Palma del Condado
Localidad onubense famosa por su espléndido vino blanco. Entre los finos locales se encuentran el Condado Pálido y el Condado Viejo.

8 Anís
Son famosos los anises de la zona. Uno de los mejores es el Anís Cazalla, elaborado en la localidad del mismo nombre (ver p. 96).

9 Huelva
La ciudad de Huelva (ver p. 95) cuenta con una sucursal de El Corte Inglés, situado en la plaza de España. Las calles circundantes y los alrededores de la plaza 12 de Octubre conforman el principal barrio comercial. Los viernes se instala un mercadillo en el Recinto Colombino.

10 Mojama
La mojama –atún curado– es un bocado exquisito. Isla Cristina es el más importante centro de producción; también se puede adquirir en el mercado del Carmen, en Huelva capital, y otros lugares.

Ver mapa en pp. 94-95

Cafés y bares de tapas

Un apetitoso plato de tapas

① Bar Plus Ultra, La Rábida

MAPA A4 ■ Avenida de América 34 ■ 959 53 00 34 ■ Cerrado lu

Situado junto al antiguo monasterio de Santa María de la Rábida, este restaurante tradicional ideal para familias sirve deliciosas tapas.

② Bar Goya, Carmona

MAPA C3 ■ C/ Prim 2 ■ 954 14 30 60 ■ Cerrado mi

Céntrico restaurante ubicado en un edificio mudéjar del siglo XV. Especializado en cocina andaluza con un toque moderno.

③ El Martinete, Cazalla

MAPA C3 ■ Ctra. de la estación de Cazalla km 12 ■ 687 49 39 65 (información) ■ Cerrado lu-mi

Tapas y productos locales de temporada a buen precio en un hermoso entorno rodeado de bosques y cascadas.

④ Bar La Reja, Écija

MAPA D3 ■ C/ Cintería 16 ■ 954 83 30 12 ■ Cerrado do y lu

Ofrece una amplia gama de tapas y raciones. El ambiente es muy cordial.

⑤ La Puerta Ancha, Ayamonte

MAPA A4 ■ Plaza de la Laguna 14 ■ 686 44 74 64 ■ Cerrado do

Este lugar de reunión afirma ser el primer bar de la ciudad. Dispone de mesas en la plaza. Los precios de las bebidas y tapas son razonables.

⑥ Espuma del Mar, Isla Canela

MAPA A4 ■ Paseo de los Gavilanes 28 ■ 959 47 72 85

Este establecimiento, junto a la playa, dispone de mesas en el exterior, donde se puede disfrutar de las sabrosas tapas y observar a la gente. Se especializa en pescados: conviene pedir raya.

⑦ El Refugio, Mazagón

MAPA B4 ■ C/ Santa Clara 43 ■ 624 52 69 79 ■ Cerrado ma

Un lugar relajado en este paraíso del surf. Cerca de la playa y conocido por sus platos de pescado fresco.

⑧ Mesón La Reja, Aracena

MAPA B3 ■ Ctra. N433 km 87 ■ 959 12 76 70

Este bar se especializa en alimentos regionales como las setas de temporada, los quesos locales y los caracoles.

⑨ Café Bar Manzano, Aracena

MAPA B3 ■ Plaza del Marqués de Aracena 22 ■ 672 60 54 56 ■ Cerrado mi

En el extremo meridional de la ciudad se halla este bar tradicional, muy popular en la sierra por su café y su repostería.

⑩ Casa Curro, Osuna

MAPA D4 ■ Plazuela Salitre 5 ■ 955 82 07 58 ■ Cerrado lu

Cerca de la plaza mayor se halla un bar de tapas de primera al que merece la pena acudir por su excelente calidad.

Patatas bravas

Restaurantes

1 **La Choza de Manuela, Bormujos**
MAPA B4 ▪ C/ Menéndez Pidal 2 ▪ 649 44 56 16 ▪ €
Restaurante muy popular entre los andaluces especializado en diferentes carnes asadas servidas por un personal muy atento. Conviene ir pronto para evitar las colas.

2 **Mesón Rey Arturo, Osuna**
MAPA D4 ▪ C/ Sor Ángela 3 ▪ 662 13 22 21 ▪ Cerrado do-ma; sá noche ▪ €€
Interpretaciones creativas de la cocina regional e internacional, como las croquetas de chipirones en su tinta con alioli de higo.

3 **Restaurante Miramar, Punta Umbría**
MAPA A4 ▪ C/ Miramar 1 ▪ 959 31 12 43 ▪ €
Aquí se combinan el pescado fresco del Atlántico con platos de arroz.

4 **Restaurante Montecruz, Aracena**
MAPA B3 ▪ Plaza de San Pedro 36 ▪ 959 12 60 13 ▪ €€
Aquí la clave son los productos locales orgánicos, que incluyen carne de caza, jamón ibérico, castañas y setas de temporada. La comida es excepcional tanto en el bar como en el restaurante.

5 **Cambio de Tercio, Constantina**
MAPA C3 ▪ C/ Virgen del Robledo 53 bajo, Constantina ▪ 955 88 10 80 ▪ Cerrado ma y do-ju noche ▪ €
El solomillo de cerdo ibérico con salsa de setas es una de sus especialidades. De postre se puede pedir tarta de castañas.

6 **Restaurante Azabache, Huelva**
MAPA A4 ▪ C/ Vázquez López 22 ▪ 959 25 75 28 ▪ Cerrado sá noche, do ▪ €€€
Este restaurante tradicional es famoso por sus raciones y se llena de onubenses a última hora.

PRECIOS
Una comida de tres platos con media botella de vino (o equivalente), servicio e impuestos incluidos.
€ menos de 30 ▪ €€ 30-50 ▪ €€€ más de 50

7 **Casa Luciano, Ayamonte**
MAPA A4 ▪ C/ Palma del Condado 1 ▪ 959 47 10 71 ▪ Cerrado do noche, lu ▪ €€
Este restaurante es célebre por sus excelentes guisos de pescado y marisco. Son muy recomendables sus deliciosas coquinas y el calamar a la plancha.

Fachada de Aires de Doñana

8 **Aires de Doñana, El Rocío**
MAPA B4 ▪ Avda. La Canaliega, 1 ▪ 959 44 22 89 ▪ Cerrado do noche, lu y 20 días de julio ▪ €€
Los amplios ventanales brindan vistas panorámicas de la marisma. No hay que dejar de probar el paté de oca, la hamburguesa o la tarta de queso con arándanos.

9 **Posada de Cortegana, Cortegana**
MAPA A2 ▪ Ctra. de El Repilado a La Corte km 2,5 ▪ 959 50 33 17 ▪ €€
En este agradable asador ofrecen variedad de carnes a la parrilla, como cerdo ibérico, venado y gamo.

10 **Casa El Padrino, Alájar**
MAPA B3 ▪ Plaza Miguel Moya 2 ▪ 959 12 56 01 ▪ Cerrado do noche y lu-ju ▪ €
Este establecimiento es famoso por su sabrosa cocina local.

Ver mapa en pp. 94-95

🔟 Provincias de Málaga y Cádiz

Estas dos provincias andaluzas ofrecen una fascinante combinación de riquezas culturales y centros de diversión. Cádiz, la ciudad más antigua de Europa, halla su contrapunto en los deleites de la Costa del Sol y sus magníficas playas. El espectacular entorno natural de ambas provincias atrae a los amantes de la naturaleza. Muchos visitantes son arrastrados por el encanto de los famosos Pueblos Blancos, entre los que destaca la ciudad de Ronda, cuna del toreo. En estas provincias se elabora el famoso vino de Jerez y los aclamados vinos dulces de Málaga. Tarifa es el punto más meridional de Europa, desde donde se ve el norte de África, y a tiro de piedra se encuentra el peñón de Gibraltar.

Torre de la catedral Nueva, Cádiz

PROVINCIAS DE MÁLAGA Y CÁDIZ

Puente Nuevo, Ronda

① Ronda

Esta ciudad, encaramada en la montaña, es una de las más célebres de Andalucía por su espectacularidad y belleza sobrecogedora. Está dividida por El Tajo, un profundo y estrecho barranco de roca calcárea formado durante miles de años por el río Guadalevín. La ciudad cuenta con dos partes bien diferenciadas: el casco histórico, con un rico legado árabe y preciosas calles adoquinadas, y la zona moderna, que se encuentra al norte *(ver pp. 30-31)*.

② Cádiz

En pleno corazón de la atlántica Costa de la Luz *(ver p. 106)*, esta ciudad de ensueño ocupa lo que originariamente era una isla. Considerada la ciudad más antigua de Europa, se cree que fue fundada por los fenicios hacia 1104 a. C. Buena parte de lo que hoy se contempla data del siglo XVIII debido a que Cádiz fue arrasada por ingleses y holandeses en 1596. La imponente catedral Nueva (1722) es uno de los templos más grandes de España. Numerosos edificios barrocos adornan esta hermosa capital de provincia *(ver pp. 26-27)*. Exceptuando las dos semanas de febrero del carnaval, uno de los más famosos de España *(ver p. 80)*, no recibe demasiados turistas.

---

① **Imprescindible** ver pp. 103-106	① **Vida nocturna en la Costa del Sol** ver p. 110	
① **Dónde comer en la Costa del Sol** ver p. 111	① **Vida nocturna en Málaga y Cádiz** ver p. 112	
① **Dónde comer en Málaga y Cádiz** ver p. 113	① **Y además...** ver p. 107	
	① **Campos de golf** ver p. 109	

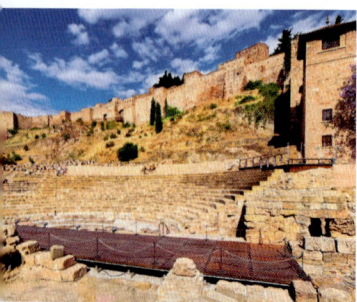

Anfiteatro romano, Málaga

③ Málaga

MAPA E5 ■ **Museo Picasso:** C/ San Agustín 8 ■ 952 12 76 00 ■ **Horario: 10.00-19.00 todos los días** ■ **Se cobra entrada** ■ www.museopicassomalaga.org

A pesar de que cuenta con el principal aeropuerto de la Costa del Sol, la ciudad de Málaga no ha sufrido la locura urbanística, admirablemente ha conseguido mantener su identidad española. Tiene un importante ambiente artístico y sus muchos restaurantes atraen a los comilones. El moderno paseo marítimo tiene tiendas, bares, el Centre Pompidou Málaga *(ver p. 52)* y un espacio para yates de lujo. Desde tiempos remotos ha sido un importante puerto comercial, y fue la ciudad preferida del poeta Federico García Lorca *(ver p. 55)*, quien admiraba su descarnada autenticidad. También goza de fama por ser la cuna del artista Pablo Ruiz Picasso,

hecho conmemorado con el museo que lleva su nombre *(ver p. 52)*. El alcázar de Málaga, construido entre los siglos VIII y XI, posee un anfiteatro romano.

④ Antequera

MAPA D4 ■ **Museo Municipal: palacio Nájera, plaza del Coso Viejo** ■ 952 70 83 00 ■ **Abierto ma-do** ■ **Se cobra entrada**

Tan antigua que hasta los romanos la denominaron Antiquaria, esta ciudad presenta un maravilloso conjunto arquitectónico que ilustra sobre la historia de toda la comarca, comenzando por los dólmenes neolíticos que datan de entre 4500 y 2500 a. C. También se encuentran interesantes ruinas romanas (incluidas villas con soberbios mosaicos), una alcazaba árabe, el Arco de los Gigantes, del siglo XVI, y espléndidos palacios e iglesias renacentistas. Muchos de los tesoros encontrados en la localidad –como el exquisito Efebo de Antequera, escultura de bronce romana de tamaño natural– se exhiben en el Museo Municipal, que ocupa un palacio dieciochesco.

⑤ Gibraltar

MAPA C6

Esta colonia británica, situada en el peñón de Gibraltar, se encuentra al sureste de la provincia de Cádiz. Fue una de las célebres columnas

El peñón de Gibraltar

de Hércules, que controlaban el paso del Mediterráneo y el Atlántico. Son muchos quienes visitan este territorio de soberanía británica cuyo centro alberga museos, restaurantes y tiendas. Un teleférico permite acceder a la parte superior del peñón, donde se puede visitar la cueva de St Michael, los túneles del Gran Asedio de 1779-1783 y de la Segunda Guerra Mundial. El Skywalk está situado 340 m sobre el nivel del mar y el puente colgante Windsor ofrece vistas increíbles. No hay que perderse la Guarida de los Monos, donde viven los conocidos monos de Gibraltar.

Casares, uno de los Pueblos Blancos

6 Pueblos Blancos
MAPA C5

El término hace referencia a un amplio conjunto de pequeños pueblos impecablemente encalados y situados en las laderas de la serranía de Ronda. Muchos de estos pueblos son verdaderamente espectaculares y merece la pena dedicar varios días a recorrerlos uno a uno, reservando tiempo para pasear por los alrededores y disfrutar de las magníficas vistas *(ver p. 69)*. No hay que perderse Gaucín, Casares, Grazalema, Setenil, Zahara de la Sierra *(ver p. 57)*, Jimera de Líbar y Manilva. Los habitantes, quienes originariamente se instalaron aquí para protegerse de los bandoleros de las tierras bajas, conservan una importante tradición agrícola. Entre Grazalema y Zahara se atraviesa el sobrecogedor puerto de las Palomas, el más elevado de Andalucía.

 MAÑANA

Comience el paseo en el **alcázar árabe**, con jardines restaurados, una mezquita y *hammam* (baños), así como una cámara oscura que ofrece vistas de la ciudad y los alrededores. Al lado se emplaza la catedral, profusamente ornamentada en el interior y el exterior. No se pierda el extraordinario lienzo de Zurbarán *La niña dormida*, en la sacristía.

A continuación realice la visita con guía –incluye catas– a la **bodega González-Byass** *(ver p. 76)*, que seguramente son las bodegas más antiguas de Jerez, una de ellas diseñada por Gustave Eiffel. Fíjese en las firmas de las barricas de personajes famosos, como la reina Victoria, Cole Porter, Martin Luther King y Francisco Franco, entre otros.

En dirección norte se hallan las **Bodegas Fundador** *(ver p. 76)*, que también organizan visitas con guía, cuyas instalaciones poseen una innegable huella árabe. Una manzana más al norte, tras pasar la iglesia gótica de San Mateo, se ubica el **Museo Arqueológico,** donde se exhibe un valioso yelmo de bronce del siglo VII a. C. A continuación, diríjase al **barrio de Santiago.** Este laberinto de callejuelas ligeramente deteriorado acoge una nutrida comunidad gitana y numerosos escenarios de flamenco.

Para terminar el paseo, siga hacia el sureste hasta salir del barrio y, pasada la **iglesia de San Dionisio,** encontrará **Tabanco Plateros** *(C/ Algarve 35; 956 10 44 58)* para degustar unas tapas y sus excelentes vinos y quesos.

Ver mapa en pp. 102-103 ←

7 Arcos de la Frontera

MAPA C5 ▪ **Galería de Arte
Arx-Arcis: C/ Marqués de Torresoto 11**
▪ **956 70 39 51** ▪ **Horario: 10.30-20.30
todos los días**

Este pueblo está situado en lo alto de
un acantilado. Se trata, posiblemente,
del más hermoso de los Pueblos
Blancos y es el más occidental del
conjunto. A pesar de su antigüedad,
poco queda en pie de la época anterior a la Reconquista, cuando recibió
su nombre por ser un bastión en la
frontera entre la España mora y la
cristiana. La galería de arte Arx-Arcis
exhibe alfombras, mantas, cestos y
cerámica elaborados en la localidad.

8 Costa del Sol

Este rosario de antiguos pueblos
pesqueros del Mediterráneo oculta
tesoros que no se aprecian a primera
vista. Quienes miren más allá de los
bulliciosos enclaves turísticos descubrirán el auténtico encanto del litoral,
donde aún pueden encontrarse algunos remansos de tranquilidad, en particular en las localidades de Estepona,
Nerja, Mijas y la selecta Marbella *(ver
p. 65)*. Durante todo el año los numerosos campos de golf atraen a amantes
de este deporte procedentes de todo

Playa de Nerja, Costa del Sol

el mundo *(ver p. 109)*. En temporada
alta, la vibrante vida nocturna de
Torremolinos no tiene rival *(ver p. 33)*.

9 Jerez de la Frontera

MAPA B5 ▪ **Alcázar de Jerez:
C/ Alameda Vieja** ▪ **650 80 01 00**
▪ **Horario: jul-sep: 9.30-18.00; oct-jun:
9.30-15.00 todos los días; los horarios
varían, llamar antes** ▪ **Se cobra entrada**

La población de mayor tamaño de la
provincia de Cádiz ha dado su nombre,
que proviene del término fenicio Xeres,
al vino de Jerez *(ver pp. 76-77)*. Antes
de la llegada de los fenicios, el pueblo
formó parte de la legendaria civilización tartesia (siglo VIII a. C.). Entre los
lugares de interés se incluyen la fortaleza árabe, antes parte de un muro de
4 km *(ver p. 105)*. La bien conservada
mezquita, ahora capilla de Santa María
la Real, tiene una cúpula octogonal
sobre el mihrab. Jerez es famosa por
su arte ecuestre, el estilo andaluz, así
como su flamenco *(ver pp. 50-51)*.

10 Costa de la Luz

MAPA B5-C6

La estrecha costa entre Huelva y
Tarifa tiene todo lo que le falta a la
Costa del Sol; pueblos de veraneo
sencillos que atraen principalmente
a visitantes españoles y a amantes
de los deportes acuáticos, atraídos
por los fuertes vientos oceánicos.
Pero hay un montón de hermosas
playas, muchas rodeadas de bosques
de pinos, y la combinación de fuertes
árabes, castillos musulmanes, iglesias medievales, el vino de Jerez y el
encanto de la vieja escuela hacen que
la Costa de la Luz sea una estupenda
elección para los aventureros.

JEREZ, VINO Y *BRANDY*

El Triángulo del Jerez comprende las
poblaciones de Jerez de la Frontera,
Sanlúcar de Barrameda y El Puerto de
Santa María. La producción de vino
fortificado *(arriba)* comenzó con los
fenicios, que usaron viñas que importaron
hace 3.000 años. En tiempos romanos se
exportaba a todo el Imperio; en Inglaterra,
su popularidad se remonta a la época
isabelina. El jerez varía según su grado de
sequedad y dulzor. El fino y la manzanilla
son secos y ligeros; el amontillado y el
oloroso tienen más cuerpo *(ver p. 77)*.

Y además...

1 El Torcal de Antequera
MAPA D4

Reserva natural de montaña ideal para senderistas *(ver p. 60)*. Las singulares formaciones de roca calcárea son el mayor atractivo.

2 El Chorro
MAPA D4

Esta maravilla geográfica es un inmenso barranco, de 180 metros, creado por el río Guadalhorce, que pasa a través de la piedra caliza del desfiladero. El Caminito del Rey, de 7,7 km, atraviesa la garganta.

El Caminito del Rey

3 Grazalema
MAPA C5

Pueblo encantador a los pies de la Sierra del Pinar –según algunos el punto más lluvioso de España–, es el principal acceso al Parque Natural Sierra de Grazalema, una de las mejores zonas de senderismo de Andalucía *(ver p. 60)*. Es conocido por sus quesos, estofados y su miel, y es un lugar estupendo para hacer pícnic.

4 Tarifa
MAPA C6

Posiblemente el pueblo de la costa más en onda *(ver p. 64)*, gracias a su considerable contingente de practicantes de windsurf y kitesurf *(ver p. 66)*, Tarifa tiene aire marroquí.

5 Algeciras
MAPA C6

Es una ciudad industrial. Desde su puerto zarpa el ferri que lleva a Marruecos. Dar una vuelta por sus bazares, al estilo árabe, puede resultar entretenido.

6 El Puerto de Santa María
MAPA B5

Uno de los vértices del Triángulo del Jerez. Varias bodegas organizan visitas con guía y sesiones de cata *(ver p. 76)*.

7 Sanlúcar de Barrameda
MAPA B5

Es famosa por su vino de manzanilla y sus pescados soberbios. Posee hermosos palacios, iglesias y visitas a las bodegas.

8 Chipiona
MAPA B5

En temporada alta, este atractivo pueblo de vacaciones se llena hasta la bandera. El ritmo de vida es relajado: de día, sol y playa; por la tarde, paseos y helados.

9 Vejer de la Frontera
MAPA C6

De todos los Pueblos Blancos *(ver p. 105)*, Vejer es el que mejor ha conservado su herencia árabe. Sus cuatro puertas árabes siguen en pie, y el laberinto de estrechas callejuelas parece no haber cambiado apenas en los últimos 10 siglos.

10 Medina Sidonia
MAPA C5 ▪ Iglesia de Santa María la Coronada: plaza Iglesia Mayor ▪ 956 41 03 29 ▪ Los horarios varían, llamar antes ▪ Se cobra entrada

El edificio más importante es la iglesia de Santa María la Coronada, del siglo XV, levantada sobre una mezquita. Tiene un retablo de 15 metros.

Ver mapa en pp. 102-103 ←

Compras

1 Vinos de Málaga

PLANO Q5 ■ El Templo del Vino:
C/ Sebastián Souvirón 11, Málaga
■ 952 21 75 03

Se basan en las uvas moscatel y Pedro Ximénez *(ver p. 77)*, y la ciudad tiene numerosos establecimientos donde se pueden probar y comprar. El Templo del Vino tiene una variedad especialmente amplia, no solo de los vinos locales, sino también de vinos de toda España.

Exquisiteces en una tienda de Málaga

2 Chocolates Artesanales Frigiliana

MAPA E5 ■ C/ Real 27, Frigiliana
■ 669 20 90 56

Esta tienda, situada en un pueblo pintoresco, tiene chocolates únicos de 15 sabores y cosméticos hechos con una base de chocolate natural.

3 Deligades, Cádiz

MAPA B5 ■ C/ Libertad 9
■ 956 21 35 21

Esta tienda para *gourmets* vende vinos, quesos, jamón, aceite de oliva, dulces y otras delicias de la región.

4 Xauen, Conil de la Frontera

MAPA B5 ■ Cádiz 33 ■ 661 27 14 30

Tienda especializada en productos artesanales de cuero, como carteras, bolsos y pulseras.

5 Trajes de flamenco

MAPA B5 ■ Tamara
Flamenco: C/ Santa María 5,
Jerez ■ 956 34 74 89

Jerez es uno de los mejores lugares donde adquirir trajes auténticos.

6 Equipamiento ecuestre

MAPA B5 ■ Hipisur: C/ Circo 1,
Jerez ■ 956 32 42 09
■ www.hipisur.com

Jerez es uno de los mejores lugares del mundo para adquirir ropa y accesorios para la equitación. Hipisur tiene una amplia oferta tanto de ropa como de equipamiento.

7 Jerez

Jerez de la Frontera es el lugar ideal para saborear los mejores finos, manzanillas y olorosos. La mayoría de las bodegas hacen degustaciones *(ver pp. 76-77)*.

8 Tejidos tradicionales

Las localidades de Grazalema y Arcos de la Frontera *(ver p. 106)* son famosas por sus mantas, chales, alfombras y otros tejidos.

9 Compras en Gibraltar

MAPA C6

En Gibraltar los artículos están prácticamente libres de impuestos.

10 Cuero

En los comercios de Ronda *(ver pp. 30-31)* los objetos de cuero y piel tienen buenos precios. Muchos de los artículos son de marcas muy conocidas, ya que las empresas de moda mantienen contratos con las fábricas de piel de la zona.

Tiendas en Ronda

Campos de golf

Campo de golf de Valderrama

ocasiones y el Abierto de España en tres. Presenta *greens* elevados, numerosas trampas de arena y obstáculos de agua.

5 La Hacienda Alcaidesa Links

MAPA C6 ▪ Avda. del Golf, San Roque ▪ 956 79 10 40 ▪ www.lahaciendagolf.com

El único campo de tipo *links* se estableció en 1992. Ha sido rediseñado.

6 Golf El Paraíso

MAPA D5 ▪ Ctra. de Cádiz km 167, Estepona ▪ 952 88 38 35 ▪ www.elparaisogolf.com

Este club de golf sigue un diseño de Gary Player.

7 Los Arqueros

MAPA D5 ▪ Ctra. de Ronda A397 km 44,5, Benahavís ▪ 952 78 46 00 ▪ www.losarquerosgolf.com

Fue el primer campo de la Costa del Sol diseñado por Severiano Ballesteros. Es un campo duro.

8 Miraflores

MAPA D5 ▪ Urbanización Riviera del Sol, Ctra. de Cádiz km 198, calle Severiano Ballesteros ▪ 952 93 19 60 ▪ www.miraflores-golf.com

Diseño de Folco Nardi. Cuenta con numerosos complejos.

9 La Duquesa

MAPA D5 ▪ Urbanización El Hacho, N340 km 143, Manilva ▪ 952 89 07 25 ▪ www.golfladuquesa.com

Diseño de Trent Jones, los nueve primeros hoyos comienzan en dirección oeste y terminan con un par cinco largo.

1 Valderrama

MAPA C6 ▪ Avda. los Cortijos s/n, San Roque ▪ 956 79 12 00 ▪ www.valderrama.com

El campo de golf más famoso de la Costa del Sol –acogió la Ryder Cup–. Es una obra maestra de Robert Trent Jones.

2 Real Club de Golf Sotogrande

MAPA D6 ▪ Paseo del Parque, Sotogrande ▪ 956 78 50 14 ▪ www.golfsotogrande.com

Se inauguró en 1964. Es uno de los 10 mejores campos de golf de Europa. Facilitan *green fees* de visitantes, si bien es esencial reservar. El diseño de Robert Trent Jones presenta árboles añosos y numerosos obstáculos de agua.

3 San Roque

MAPA C6 ▪ N340 km 126,5, San Roque ▪ 956 61 30 30 ▪ www.sanroqueclub.com

San Roque ofrece dos recorridos: uno con hoyos en la dirección del viento dominante y otro con desafíos variados.

4 Real Club Las Brisas

MAPA D5 ▪ Urbanización Nueva Calle Londres 1 (Andalucía), sobre Puerto Banús, Marbella ▪ 952 81 08 75 ▪ www.realclubdegolflasbrisas.com

Es un diseño de Robert Trent Jones. Ha acogido la Copa del Mundo en dos

10 La Cañada

MAPA C6 ▪ Ctra. Guadiaro km 1, Guadiaro, San Roque ▪ 956 79 41 00 ▪ www.lacanadagolf.com

El hoyo 1 prepara el arduo recorrido. En el 4 no se ve el *green* hasta el tercer golpe.

Ver mapa en pp. 102-103

Vida nocturna en la Costa del Sol

(1) Ocean Club, Marbella
MAPA D5 ■ Avda. Lola Flores
■ 952 90 81 37 ■ www.oceanclub.es
Este exclusivo local consta de una piscina y una zona VIP con grandes camas redondas.

(2) La Suite, Marbella
MAPA D5 ■ Hotel Puente Romano, bulevar Príncipe Alfonso de Hohenlohe, ctra. de Cádiz km 177 ■ 952 89 90 00 ■ Cerrado do-mi
En esta discoteca, que está a pie de playa, actúan tragafuegos, bailarinas de danza del vientre y malabaristas. En verano, la discoteca se convierte en la Suite del Mar y se traslada a la playa.

(3) Club de Jazz y Cócteles Speakeasy, Fuengirola
MAPA D5 ■ C/ María Barranco 1, 29640 Fuengirola ■ 656 48 79 19
Ambientado como un local de los años 20, este bar ofrece música de *jazz* en directo los fines de semana y grandes cócteles.

(4) El Mico Bar, Torremolinos
MAPA D5 ■ Edificio Delphine, C/ Jaén 2, local 13 ■ 711 01 17 15
Karaoke, concursos, espectáculos *drag* y actuaciones en directo.

(5) Olivia Valère, Marbella
MAPA D5 ■ Ctra. de Istán, km 0,8 ■ 952 82 88 61 ■ www.oliviavalere.com
Exclusiva discoteca de moda que atrae a un público adinerado. Diseñada por el mismo creador del famoso Buddha Bar de París.

Cena en Olivia Valère, Marbella

(6) Puerto Marina, Benalmádena
MAPA D5 ■ Puerto Marina
Tiene variedad de bares, salas de fiesta, tiendas y restaurantes.

(7) Mango, Benalmádena
MAPA D5 ■ Plaza Solymar
■ 952 56 27 00
Local popular, frecuentado por multitud de jóvenes y un ambiente electrizante.

Gente bailando en Mango

(8) Gran Madrid Casino Torrequebrada, Benalmádena
MAPA D5 ■ Avda. del Sol ■ 952 57 73 00 ■ www.casinotorrequebrada.com
Se encuentra en el hotel Torrequebrada. El casino tiene mesas de *blackjack, chemin de fer,* punto y banca y ruleta. Ropa formal.

(9) La Taberna de Pepe López, Torremolinos
MAPA E5 ■ Plaza de la Gamba Alegre ■ 952 38 12 84 ■ Cerrado domingos
Este escenario flamenco es muy turístico, pero no deja de resultar entretenido. Los espectáculos comienzan a 22.00 y 24.00.

(10) Torremolinos para LGTBIQ+
MAPA E5
Torremolinos tiene la mejor vida nocturna LGTBIQ+ de la Costa del Sol. Comience en la terraza El Gato (Paseo Marítimo Antonio Machado 1) y luego vaya al Parthenon (calle Nogalera). Centuryon (calle Casablanca 15) es la mayor discoteca LGTBIQ+ de fuera de Madrid y Barcelona.

Dónde comer en la Costa del Sol

PRECIOS
Una comida de tres platos con media
botella de vino (o equivalente), servicio
e impuestos incluidos.

€ menos de 30 €€ 30-50 €€€ más de 50

① La Pappardella, Marbella

MAPA D5 ■ Muelle de Honor, Casa A,
local 4, Puerto Banús ■ 952 81 50 89
■ €€€

Disfrute de la cocina napolitana en
este restaurante familiar. Se sirve
una gran variedad de pasta, *pizza*
y marisco.

② El Tintero II, Málaga

MAPA E5 ■ Avda. Salvador
Allende 340 ■ 650 68 09 56 ■ €

Situado en la playa, ofrece una
amplia variedad de marisco fresco.

③ El Estrecho, Marbella

MAPA D5 ■ C/ San Lázaro 12
■ 609 40 93 36 ■ Cerrado do ■ €

Ofrece una agradable terraza y sirve
soberbios pescados y mariscos
regados con un buen fino. Hay que
probar los boquerones al limón.

④ La Sirena, Benalmádena

MAPA D5 ■ Paseo Marítimo
■ 951 08 07 12 ■ Cerrado lu ■ €€

Junto a la playa, sirve una de las
mejores paellas de la zona.

⑤ Bodegas Quitapenas, Torremolinos

MAPA E5 ■ C/ Cuesta del Tajo 3
■ 952 38 62 44 ■ €

Sobresaliente bar de tapas, sirve
platos de marisco y pulpo.

⑥ Restaurante La Experiencia, Torremolinos

MAPA E5 ■ Avda. Joan Miró 19, L6
Entrada ■ 623 43 08 63 ■ Cerrado
mediodía, do y lu ■ €€€

Este íntimo y acogedor restaurante
promete una experiencia gastronó-
mica exquisita.

⑦ Tapeo de Cervantes, Málaga

MAPA E5 ■ C/ Cárcer 8 ■ 952 60 94 58
■ Cerrado lu ■ www.eltapeode
cervantes.com ■ €€

Encantadora bodega rústica sirve
abundante comida regional con
algunos toques únicos. No dude
en probar el estofado de cordero.

⑧ Bar Altamirano, Marbella

MAPA D5 ■ Plaza Altamirano 3
■ 952 82 49 32 ■ Cerrado mi ■ €

Se trata de un bar de tapas
tradicionales y asequibles. Está
situado en la plaza de los Naranjos.
También ofrece especialidades
de pescado.

Comiendo en el bar Altamirano

⑨ Restaurante 34, Nerja

MAPA E5 ■ C/ Hernando de
Carabeo 34 ■ 952 52 54 44 ■ €€€

Situado en el acantilado, por lo
que bajo las sombrillas de paja
se disfruta de la vista del mar.

⑩ Lan Sang, Nerja

MAPA E5 ■ C/ Málaga 12
■ 952 52 80 53 ■ Cerrado do y lu
mediodía ■ €€

Si quiere una cocina diferente, pruebe
este restaurante tailandés/laosiano.
Decoración moderna y elegante,
sofisticados sabores y hermosa
presentación de la comida.

Ver mapa en pp. 102-103

Vida nocturna en Málaga y Cádiz

Una noche en Nerja

 Nerja de noche
MAPA E5
■ **Pub New Seven: Plaza Tutti Frutti**
■ **Sala Rockefeller: C/ Chaparil 7**
Si busca algo de vida nocturna en Nerja, diríjase a la plaza Tutti Frutti, donde hay unos 25 bares y locales nocturnos, que ofrecen desde cócteles a karaoke. Dos de las discotecas más populares son Seven y la cercana Sala Rockefeller.

② **Barsovia, Málaga**
PLANO R4 ■ C/ Méndez Núñez 3
Esta discoteca del casco antiguo atrae a una clientela de todas las edades. La música combina lo mejor de los ochenta con éxitos actuales.

 ZZ Pub, Málaga
PLANO Q4 ■ C/ Tejón y Rodríguez 6
A este sencillo establecimiento del casco antiguo acuden principalmente estudiantes a escuchar a los grupos que actúan entre semana. Un pinchadiscos anima el ambiente todas las noches.

 Tarifa
MAPA C6 ■ Almedina Tarifa: C/ Almedina 3 ■ Café del Mar: Paseo Marítimo
Es uno de los bares más antiguos y hermosos de la ciudad y ofrece flamenco los jueves por la noche. La discoteca Café del Mar tiene tres plantas y una terraza.

 Cádiz
MAPA B5
■ **Momart Theatre: paseo Pascual Pery Junquera**
■ **660 58 04 86** ■ **Abierto vi y sá** ■ **Se cobra entrada**
En la zona que rodea el puerto abundan los locales y Momart Theatre es uno de ellos. Solo abre de jueves a sábado.

 Flamenco en Cádiz
MAPA B5 ■ **Peña La Perla: C/ Concepción Arenal 0** ■ **Peña Enrique el Mellizo: Punta San Felipe, C/ Nuevo Mundo 1**
Las peñas de flamenco se llenan hasta la bandera. La peña La Perla y Enrique el Mellizo constituyen una excelente elección.

⑦ **Flamenco en Jerez**
MAPA B5
En Jerez se escucha auténtico flamenco. Hay que dirigirse al barrio gitano de Santiago, donde se encuentran numerosas peñas, pero no antes de las 22.00.

⑧ **Ronda**
MAPA D5 ■ **Café Las Bridas: C/ Virgen de los Remedios 18** ■ **Café Pub Dulcinea: C/ Ríos Rosas 3**
El café Las Bridas ofrece cerveza de importación y música en directo los fines de semana. El café *pub* Dulcinea es un buen lugar para bailar lo último en electro-pop español.

 **Gibraltar**
MAPA C6
Hay más de 360 *pubs* en Gibraltar. Están por la zona de Queensway Quay, Marina Bay y Casernates Square.

⑩ **Bares en Sancti Petri**
MAPA C6
Se puede disfrutar de una copa y del atardecer en alguno de los populares bares de playa de la Costa de la Luz.

Dónde comer en Málaga y Cádiz

PRECIOS
Una comida de tres platos con media botella de vino (o equivalente), servicio e impuestos incluidos.

€ menos de 30   €€ 30-50   €€€ más de 50

1 Ventorrillo del Chato, Cádiz

MAPA B5 ▪ Ctra. de Cádiz a San Fernando km 2 (Vía Augusta Julia) ▪ 956 25 00 25 ▪ €€€

El establecimiento más antiguo de Cádiz (1780) es una de las mejores opciones de la ciudad. Hay que probar el salmorejo y la dorada a la sal.

2 Antigua Casa de Guardia, Málaga

PLANO Q5 ▪ Alameda Principal 18 ▪ 952 21 46 80 ▪ Cerrado do ▪ €

La taberna más antigua de la ciudad (1840). Los mejillones al vapor son excepcionales.

Vino en Antigua Casa de Guardia

3 Restaurante A Mar, Jerez

MAPA B5 ▪ C/ Latorre 8 ▪ 956 32 29 15 ▪ €€

Este pequeño restaurante es un referente y está especializado en cocina de calidad, con particular atención al marisco fresco de la región.

4 Bar Juanito, Jerez

MAPA B5 ▪ C/ Pescadería Vieja 8 y 10 ▪ 956 33 48 38 ▪ Cerrado do ▪ €

Famoso por servir las mejores tapas de la ciudad. Cierra en la feria de mayo.

5 Restaurante Los Portales, El Puerto de Santa María

MAPA B5 ▪ C/ Ribera del Marisco 7 ▪ 628 90 96 96 ▪ €€

Bodega renovada que ofrece delicias tradicionales de Cádiz. Especialidad en pescado y marisco.

6 Sollo, Fuengirola

MAPA D5 ▪ Avenida del Higuerón 48 ▪ 951 38 56 22 ▪ Cerrado mediodía, do y lu ▪ €€€

El chef Diego Gallegos sirve platos diferentes al estilo de las tapas con caracoles, caviar, anguila, ceviche de trucha y chuleta de buey, todo presentado con mucha estética.

7 Tragatá, Ronda

MAPA D5 ▪ C/ Nueva 4 ▪ 952 87 72 09 ▪ €€

El antiguo chef de El Bulli, Benito Gómez, crea algunas de las mejores tapas de Andalucía. Tiene vinos orgánicos Schatz locales.

8 Jardín del Califa, Vejer de la Frontera

MAPA C6 ▪ Plaza de España 12 ▪ 956 45 17 06 ▪ €€€

Complejo de edificios medievales donde se sirve comida del norte de África y Oriente Medio. Pruébela en el jardín o en una bodega de piedra.

9 Balandro, Cádiz

MAPA B5 ▪ Alameda Apodaca 22 ▪ 956 22 09 92 ▪ €€€

En una mansión del siglo XVIII frente a la bahía, Balandro sirve excelente pescado frito y a la parrilla.

10 Restaurante Tropicana, Ronda

MAPA D5 ▪ C/ Virgen de los Dolores 11 ▪ 952 87 89 85 ▪ Cerrado lu y ma ▪ €€

Estiloso restaurante con platos locales e internacionales innovadores.

Ver mapa en pp. 102-103 ←

TOP 10 Provincias de Granada y Almería

Embelesados por la belleza de la Alhambra (posiblemente la joya de los palacios árabes de Europa), los visitantes a menudo olvidan dejar tiempo para ver otros lugares de interés. Aparte de los puntos de referencia culturales, toda la región merece ser explorada. Los excursionistas disfrutarán de los senderos de montaña de Sierra Nevada, los amantes de las playas descubrirán zonas de costa virgen y los aficionados a los *spaguetti westerns* se maravillarán con el desierto y los decorados de película.

Urna, Cueva-Muse Guadix

1 Guadix

MAPA F4 ▪ Cueva-Museo: plaza Padre Poveda ▪ 958 66 55 67 ▪ **Horario:** 10.00-14.00, 16.00-18.00 lu-vi, 10.00-14.00 sá ▪ Se cobra entrada ▪ www.mcicuevasdeguadix.blogspot.com

Es famoso por sus cuevas, habitadas desde hace siglos. Fueron horadadas tras la Reconquista por los árabes de la localidad, expulsados por los cristianos. El barrio de las Cuevas es una zona de colinas salpicada de redondas chimeneas encaladas. La Cueva-Museo *(ver p. 146)* explica la historia del lugar; alojarse en uno de los hoteles-cueva es toda una experiencia.

2 Capilla Real y catedral, Granada

PLANO Q2 ▪ Catedral: C/ Gran Vía de Colón 5; horario: 10.00-14.00 y 15.00-19.00 lu-sá; se cobra entrada ▪ Capilla Real: C/ Oficios 3; 958 22 78 48; horario: 10.00-18.30 lu-sá, 11.00-18.30 do; se cobra entrada; www.capillarealgranada.com

Símbolos del triunfo de la hegemonía cristiana, ambos templos fueron construidos por los mejores arquitectos de la época y se adornaron con importantes obras escultóricas y pictóricas. La nave de la catedral, llena de luz, es uno de los logros más espectaculares del periodo. La fachada es obra de

PROVINCIAS DE GRANADA Y ALMERÍA

Alonso Cano. La capilla Real es el edificio cristiano más hermoso de la ciudad *(ver p. 45)*; custodia inusuales tesoros, como la reja dorada del maestro Bartolomé, valiosas joyas de la Corona y lienzos de Roger van der Weyden y Sandro Botticelli.

3 Alhama de Granada
MAPA E4

Encaramada al borde de un barranco sobrecogedor, este pueblo encalado es famoso desde tiempos árabes por su belleza y sus aguas termales naturales (*al-hamma* significa "manantial caliente"). El hotel balneario conserva el aljibe del siglo XI, decorado con arcos de estilo califal. La iglesia de la Encarnación, del siglo XVI, exhibe algunos tejidos supuestamente bordados por la mismísima Isabel la Católica.

4 La Granada árabe
■ PLANO Q2 ■ Museo CajaGranada: Memoria de Andalucía, avda. de la Ciencia 2 ■ 958 22 22 57 ■ Horario: sep-jun: 9.30-14.00 ma-vi (también 16.00-19.00 vi), 10.30-14.00 sá; jul: 9.30-14.00 lu-vi ■ Cerrado do, lu y festivos ■ Se cobra entrada ■ www.cajagranadafundacion.es

Constituye uno de los monumentos más apreciados de España y recibe millones de visitantes al año *(ver pp. 12-13)*. A los pies del complejo, en Granada capital, se halla el barrio del Albaicín *(ver pp. 16-17)*, con coloridas calles repletas de tiendas y teterías. A espaldas del barrio se eleva el Sacromonte, con cuevas habitadas por gitanos. También merece la pena visitar el Museo CajaGranada, dedicada a la cultura andaluza.

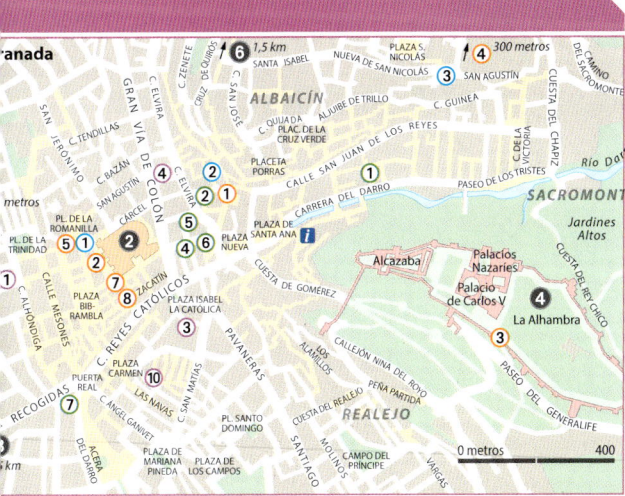

La magnífica Alhambra se alza sobre Granada

Esquí en las montañas de Sierra Nevada

⑤ Sierra Nevada

Posee el pico más elevado de la península ibérica (Mulhacén, 3.481 metros). Es destino de amantes de los deportes de invierno, del montañismo y de la naturaleza. No hay que perderse los pueblos de Las Alpujarras, en la vertiente meridional, donde el tiempo parece haberse detenido y se puede ver a los artesanos trabajando *(ver pp. 38-39)*.

Monasterio de la Cartuja, Granada

⑥ Monasterio de la Cartuja, Granada

MAPA F4 ▪ Paseo de la Cartuja ▪ 958 16 19 32 ▪ Horario (verano): 10.00-13.00 y 16.00-20.00 todos los días ▪ Se cobra entrada

No hay que dejarse engañar por la austeridad del exterior: la iglesia y la sacristía de este monasterio fundado en 1516 guardan sobresalientes ejemplos del barroco español. La riquísima decoración en yeso dorado y policromado es de tal profusión que los elementos arquitectónicos quedan ahogados. Destaca la deslumbrante cúpula de Antonio Palomino.

⑦ Escenarios de cine

MAPA G4 ▪ Fort Bravo: Ctra. N340 km 468, Paraje de Unihay s/n, Tabernas; 902 07 08 14; horario: 9.00-19.30 todos los días; se cobra entrada; www.fortbravo.org ▪ Mini Hollywood: Ctra. N340 km 464, Tabernas; 950 36 52 36; los horarios varían, consultar la web; se cobra entrada; www.oasysparquetematico.com

El paisaje del interior de la provincia de Almería se asemeja a los desiertos del salvaje Oeste. En las décadas de 1960 y 1970, sirvió como escenario para los *westerns*. Dos estudios son ahora parques temáticos: Mini Hollywood *(ver p. 71)* y Fort Bravo ofrecen espectáculos. Los visitantes pueden recrear escenas de películas clásicas o ver a especialistas en acción. Ocasionalmente se ruedan anuncios y series de televisión.

⑧ Museo Parque de las Ciencias

MAPA F4 ▪ Avda. de la Ciencia, Granada ▪ 958 13 19 00 ▪ Horario: 10.00-19.00 ma-sá, 10.00-15.00 do y festivos; ▪ Se cobra entrada ▪ www.parqueciencias.com

El complejo *(ver p. 53)*, dedicado a la ciencia y la exploración, está formado por numerosas áreas interactivas como "Viaje por el cuerpo humano", "Percepción", "Eureka" y "Biosfera". Hay un observatorio, un planetario y la sala Explora, que es exclusivamente para niños de 3-7 años y les permite llevar a cabo sus primeros experimentos. También hay exposiciones temáticas temporales.

PLASTICULTURA

Al aproximarse al litoral de la provincia de Almería se aprecian grandes extensiones de invernaderos cubiertos de plástico. Esta técnica agrícola recibe el nombre de plasticultura. Surge como alternativa a la escasez de agua en el campo y sirve para la producción intensiva de frutas y hortalizas. El proceso ha suscitado preocupación por su impacto en el medioambiente y se están haciendo esfuerzos para facilitar el reciclado del plástico.

⑨ Almuñécar y alrededores
MAPA F5 ■ Museo Arqueológico Cueva de Siete Palacios: barrio de San Miguel ■ 958 61 61 31 ■ Los horarios varían; llamar antes ■ Se cobra entrada

La Costa Tropical es espectacular, con las montañas elevándose desde la orilla del mar. Almuñécar es la principal población de este tramo del litoral y hoy vive volcada en el turismo. Cuenta con un importante legado histórico que se remonta a los fenicios; en la época árabe adquirió relevancia como puerto. El interesante museo arqueológico alberga una vasija egipcia del siglo VII a. C.

Alcazaba, Almería

⑩ Almería y alrededores
MAPA G4 ■ Alcazaba: c/ Almanzor ■ 950 80 10 08 ■ Horario: llamar antes para consultar horarios ■ Se cobra entrada (gratis para ciudadanos UE)

Almería, llamada "espejo del mar", ha perdido parte de su encanto debido al desarrollo urbanístico. Aun así cuenta con una imponente alcazaba del siglo X, entre las mayores fortalezas árabes que existen, y muchos lugares de influencia norteafricana en el casco antiguo.

UNA MAÑANA EN GRANADA

▶ MAÑANA

Comience el paseo en la **plaza Bib-Rambla**, con puestos de flores y una fuente de Neptuno. Frente al lado izquierdo se encuentra la **Alcaicería** *(ver p. 120)*, un conjunto de antiguas calles comerciales. Destaca el **Corral del Carbón**, construcción árabe del siglo XIV que hoy alberga un centro cultural.

Cuando la **catedral** *(ver pp. 116-117)* abre sus puertas, la visita es obligada; no se pierda la capilla mayor, obra de Siloé, ni la decoración y los tesoros de la sala capitular. La próxima parada es la **capilla Real** *(ver p. 116-117)*; en la cripta descansan los restos de los Reyes Católicos, Juana la Loca y Felipe el Hermoso. En los sepulcros renacentistas se aprecia el fruto del granado partido en dos, símbolo de la derrota de la Granada árabe.

Continúe el paseo hasta llegar al río y a la **plaza Nueva** *(ver p. 59)*. Merece la pena que se siente en una terraza y disfrute de una bebida mientras contempla la actividad de la zona.

Ha llegado la hora de adentrarse en el laberinto del **Albaicín** *(ver pp. 16-17)*. Siga por la **calle Elvira** hasta la **calle Calderería Vieja**, donde se halla el animado bazar árabe. Por las empinadas calles llega a la **Tetería del Bañuelo** *(ver p. 122)*, original establecimiento que sirve té de menta y dulces marroquíes.

Ver mapa en pp. 116-117 ←

Artesanía tradicional

1 El Albaicín, Granada
Las tiendas de artesanía de este antiguo barrio *(ver pp. 16-17)* se concentran en dos empinadas calles que parten de la calle Elvira: Calderería Nueva y Calderería Vieja.

2 Cerámica Miguel Muñoz, Granada
PLANO Q2 ▪ Plaza Pescadería 10 ▪ 958 28 81 92

Esta tienda de cerámica vende objetos del estilo típico de la región: patrones azules sobre azulejos blancos, a menudo con motivos de granadas.

3 Taracea Laguna, Granada
PLANO S2 ▪ Real de la Alhambra 30 ▪ 958 22 90 19

Frente a la entrada de la Alhambra puede ver cómo se elabora la taracea (marquetería morisca, a menudo realizada con hueso, nácar o plata) y llevarse un recuerdo único de esta zona.

4 Al Aire Art, Granada
PLANO R1 ▪ Plaza Aliatar 16 ▪ 622 36 46 51

Situada en el barrio del Albaicín, esta pequeña tienda ofrece obras de arte de gran calidad hechas a mano.

5 El Rocío, Granada
PLANO Q2 ▪ C/ Capuchinas 8 ▪ 958 26 58 23

Vende trajes folclóricos. Los volantes, los lunares y el colorido son irresistibles. Tienen todas las tallas, incluso para niños pequeños.

6 Bazar El Valenciano, Almería
MAPA G4 ▪ C/ Las Tiendas 34 ▪ 950 23 45 93

Esta es la tienda más antigua de la ciudad. Busque recuerdos del índalo, que llevan el símbolo de Almería para dar buena suerte.

7 Carrera de la Virgen, Granada
MAPA F4 ▪ Ibérica: Carrera de la Virgen 44 ▪ Abuela Ili: Carrera de la Virgen 51 ▪ 958 22 53 45

Calle con estupendas tiendas *gourmet*. No hay que perderse Ibérica, especializada en delicias locales. Abuela Ili, tienda de chocolate, hará las delicias de los golosos.

8 Alcaicería, Granada
PLANO Q2

Mercado de la seda en tiempos árabes, los arcos de herradura y la decoración en escayola son reproducciones modernas. En sus callejuelas se vende joyería en plata, chales de seda y cerámica.

Estrechos callejones de la Alcaicería

9 Artesanía de Las Alpujarras
MAPA F4-G4

Estos pueblos gozan de una gran riqueza artesanal. Destacan la cerámica y los artículos tejidos a mano. Las jarapas son muy apreciadas. Bolsas y mantas siguen diseños ancestrales y se venden en los mercadillos.

10 Níjar, Almería
MAPA H4

Es famoso por su cerámica y sus jarapas. Hay que ir a la calle Las Eras, en el barrio alfarero.

Vida nocturna

1 **La Canastera, Almería**

Actuaciones flamencas en el barrio almeriense de Pescadería *(ver p. 51)*. Hay espectáculos todos los jueves y sábados por la noche y las entradas rondan los 20 €. Solo se acepta efectivo.

2 **Sala Vogue**
PLANO Q1 ▪ C/ Duquesa 39 ▪ www.festgra.com/discoteca/sala-vogue

Esta discoteca de moda del barrio del Realejo es una de las favoritas en el panorama independiente. Dispone de dos salas, con diferentes ambientes y DJ.

3 **TragoFino-San Matías 30, Granada**
PLANO Q2 ▪ Plaza de las Descalzas 3 ▪ 665 40 93 12

Este bar moderno situado en el corazón de Granada es muy popular entre los granadinos. Sirve deliciosos cócteles a precios razonables. El servicio es acogedor y atento.

4 **Eurostars Gran Vía, Granada**
PLANO Q1 ▪ C/ Gran Vía de Colón 20 ▪ 958 21 78 10

Terraza con magníficas vistas de la catedral de Granada y la Alhambra donde disfrutar de un cóctel. Con zonas de interior y exterior es el lugar perfecto para visitar todo el año.

5 **Planta Baja, Granada**
MAPA F4 ▪ C/ Horno de Abad 11 ▪ www.plantabaja.club

Este local dispone de dos plantas: arriba, un tranquilo bar; abajo, los clientes bailan al son de los últimos éxitos. Hay música en directo los fines de semana.

6 **Abanicos, Almería**
MAPA G5 ▪ C/ Goya 2, 04648 Pulpí ▪ www.abanicosterreros.com

Una bar que solo abre en verano, especializada en cócteles servidos en un ambiente tropical.

La terraza de El Camborio

7 **El Camborio, Granada**
PLANO S1 ▪ Camino del Sacromonte 47 ▪ 679 88 58 94 ▪ Cerrado do y lu

Popular local nocturno en las cuevas del Sacromonte *(ver p. 17)*. Posee cuatro pistas de baile y su azotea ofrece impresionantes vistas de la Alhambra al amanecer.

8 **Chaplin's Pub, Almería**
MAPA G5 ▪ Calle Sierra Nevada 27, Roquetas de Mar ▪ 618 82 43 68 ▪ Cerrado lu-mi ▪ www.chaplinspub.business.site

En este clásico *pub* británico se pueden ver eventos deportivos, practicar juegos de bar y disfrutar de una pinta de cerveza.

9 **Maui Beach, Almería**
MAPA H4 ▪ Paseo del Mediterráneo 40, playa de Mojácar ▪ 950 47 87 22

Este encantador chiringuito tiene varias zonas, cada una con un gran ambiente. Por la noche se transforma en una discoteca animada.

10 **Hanalei Cocktail Bar, Granada**
PLANO Q3 ▪ C/ Piedra Santa 22 ▪ 622 47 68 00 ▪ www.grupoparipe.com/hanalei

Con su fusión de sabores de la Polinesia, Brasil y el Caribe, los cócteles Tiki que se sirven en Hanalei no decepcionan.

Ver mapa en pp. 116-117

Teterías y bares de tapas

 La Tetería del Bañuelo, Granada

PLANO R2 ▪ C/ Bañuelo 5

Es difícil imaginar un lugar más acogedor y relajante. Las pequeñas salas y hornacinas se iluminan con luces tenues, el aire está impregnado de olor a té y flores y se escucha el canto de los pájaros. Hay que probar los dulces e infusiones mientras se disfruta de inmejorables vistas.

2 Kasbah, Granada

PLANO Q2 ▪ C/ Calderería Nueva 4

Este confortable café iluminado por velas invita al descanso. Abundan los cojines de seda y los rincones románticos. Sirve repostería y té árabe.

Casa Puga, un bar de tapas tradicional

3 Casa Puga, Almería

MAPA G4 ▪ C/ Jovellanos 7 ▪ Cerrado do

De los mejores bares de tapas, su carta de vinos es muy extensa, como anuncia la cantidad de botellas que se exhiben.

4 Bar La Buena Vida, Granada

PLANO Q2 ▪ C/ Almiceros 12

Acogedor bar de tapas donde hay una buena variedad de vinos y cervezas. Es el lugar perfecto para sentarse, conversar y relajarse con los amigos.

5 La Riviera, Granada

PLANO Q2 ▪ C/ Cetti Meriem 7

La Riviera, situado en el corazón de la ciudad, ofrece una buena variedad de cervezas y tapas.

6 Antigua Bodega Castañeda, Granada

PLANO Q2 ▪ C/ Elvira 5

Las antiguas barricas aportan ambiente. Las tablas de quesos son una buena opción, al igual que los montaditos.

7 Casa Enrique, Granada

PLANO Q3 ▪ C/ Acero de Darro 8 ▪ Cerrado do noche

Otro encantador bar tradicional donde se alinean barricas antiguas. Hay que probar los montaditos de lomo y la torta del casar.

8 Tetería Al Hammam Almeraya, Almería

MAPA G4 ▪ C/ Perea 9 ▪ Cerrado lu y ma

Huya de las multitudes del centro urbano y diríjase a la relajada tetería de los baños árabes de Almería, donde podrá tomar tés y tentempiés árabes.

9 Bodega Francisco, Almuñécar

MAPA F5 ▪ C/ Real 11

Los jamones que cuelga del techo y las barricas de fino colocadas tras la barra marcan el ambiente de este bar de tapas. El restaurante contiguo, Francisco II, sirve comidas completas.

 El Quinto Toro, Almería

MAPA G4 ▪ Juan Leal 6 ▪ Cerrado lu-mi noche; sá noche y do

Tradicionalmente, el ganadero seleccionaba personalmente el quinto toro de la corrida, de ahí el nombre de este bar de tapas frecuentado por almerienses aficionados a la tauromaquia.

Restaurantes

1 Cunini, Granada
MAPA F4 ▪ Plaza Pescadería 14
▪ 958 25 07 77 ▪ Cerrado do noche, lu
▪ €€

El excelente marisco, traído desde Motril, es la mejor elección. Ha recibido buenas críticas de los especialistas.

Arrayanes, restaurante marroquí

2 Arrayanes, Granada
PLANO Q2 ▪ Cuesta Marañas 4
▪ 958 22 84 01 ▪ Cerrado ma ▪ €

Sofisticado restaurante marroquí que sirve tagines, cuscús y pasteles. Solo se prepara carne *halal* y no sirve alcohol.

3 Carmen Mirador de Aixa, Granada
PLANO R2 ▪ Carril de San Agustín 2
▪ 958 04 98 10 ▪ €€€

Excelentes interpretaciones de platos de la cultura local como las habas con jamón. Tiene vistas a la Alhambra desde la terraza.

4 Restaurante El Ventorro, Alhama de Granada
MAPA E4 ▪ Ctra. de Jatar, km 2
▪ 958 35 04 38 ▪ Cerrado lu ▪ €€

Este encantador restaurante rural sirve choto al ajillo y otras variedades de carne, así como el guiso de patatas "Agüela Currilla" y deliciosos caracoles.

5 Restaurante González, Trevélez
MAPA F4 ▪ Plaza Francisco Abellán
▪ 958 85 85 33 ▪ €€

Local ideal para probar el delicioso jamón por el que es conocida la zona, mientras se disfruta de las vistas.

PRECIOS
Una comida de tres platos con media botella de vino (o equivalente), servicio e impuestos incluidos.
....
€ menos de 30   €€ 30-50   €€€ más de 50

6 El Chaleco, Almuñécar
MAPA F5 ▪ Avda. Costa del Sol 37
▪ 958 63 24 02 ▪ Cerrado do noche, lu
(excepto jul y ago) ▪ €€

Cocina francesa preparada con cariño y gran atención a los detalles, servida en un ambiente romántico e íntimo.

7 Restaurante Mar de Plata, Almuñécar
MAPA F5 ▪ Avenida Mar de Plata 3
▪ 958 63 30 79 ▪ €

Restaurante mediterráneo con amplia carta centrada en pescados y mariscos. No hay que perderse el arroz con bogavante.

8 Pesetas, Salobreña
MAPA F5 ▪ C/ Bóveda 11
▪ 958 61 01 82 ▪ Cerrado lu y ma ▪ €

El mejor ambiente del centro antiguo de Salobreña sumado a las mejores vistas. Se recomienda el choco a la marinera. También tiene buenas ensaladas.

9 Restaurante Valentín, Almería
MAPA G4 ▪ C/ Tenor Iribarne 19
▪ 950 26 44 75 ▪ Cerrado lu, sep
▪ €€

Entre las especialidades destacan el delicioso arroz negro y el pescado en adobo.

10 La Goleta, San Miguel del Cabo de Gata
MAPA H5 ▪ Paseo Marítimo
Cabo de Gata ▪ 950 37 02 15
▪ Cerrado lu (primeras dos semanas nov) ▪ €€

Todo el marisco es fresquísimo, en el tramo más inalterado del litoral andaluz.

Ver mapa en pp. 116-117

TOP 10 Provincias de Córdoba y Jaén

Estas dos provincias ofrecen una mezcla de exquisita arquitectura urbana, florecientes zonas agrícolas y reservas naturales en escarpados macizos montañosos. Córdoba es la joya indiscutible. Úbeda y Baeza se encuentran entre las ciudades más bellas de Andalucía. Los aficionados al buen vino, al jamón y al aceite de oliva virgen no deben perderse los alrededores de Montilla, el valle de los Pedroches o Baena. En los

Arte íbero, Museo Provincial de Jaén

confines más septentrionales, los amantes de la naturaleza tienen la oportunidad de recorrer los parajes del Parque Natural de la Sierra de Cardeña y Montoro, en Córdoba, y la sierra de Cazorla, en Jaén.

Alcázar, Córdoba

1 Córdoba

Esta ciudad (ver pp. 22-25) de inmensa riqueza histórica y cultural tiene el tamaño adecuado para recorrerla a pie. Ofrece un fascinante conjunto de lugares de interés totalmente diferentes entre sí: la maravilla arquitectónica de la mezquita –en cuyo corazón se emplaza la catedral cristiana–, las viviendas encaladas del barrio de la Judería, el espléndido alcázar y el Zoco Municipal con su

PROVINCIAS DE CÓRDOBA Y JAÉN

selección de productos hechos por artistas locales. Existen otros museos de gran interés que custodian obras de grandes maestros o artistas cordobeses, así como antiquísimas piezas que evocan el ilustre pasado de la ciudad.

2 Úbeda

Nada más llegar al casco histórico se descubre una de las más fascinantes ciudades de Andalucía *(ver p. 35), famosa* por su sobresaliente arquitectura y declarada Patrimonio de la Humanidad. La localidad exhibe espléndidos edificios, en su mayoría renacentistas, construidos para la nobleza del siglo XVI. Andrés de Vandelvira, genial arquitecto andaluz, fue el responsable de estas construcciones de formas armoniosas.

3 Baeza

Al igual que la cercana Úbeda, esta ciudad de menor tamaño *(ver p. 34),* es Patrimonio de la Humanidad y otra joya del Renacimiento, si bien cuenta con vestigios que se remontan a tiempos romanos y árabes. Al pasear entre los magníficos edificios, el viajero encuentra la tranquilidad en cada rincón. Buena parte de la hermosura de Baeza también se debe a Andrés de Vandelvira.

Ruinas del palacio de Medina Azahara

4 Medina Azahara

MAPA D3 ■ **Ctra. Palma del Río km 5,5** ■ **957 10 49 33** ■ **Los horarios varían, consultar la web** ■ **Se cobra entrada (gratis para ciudadanos UE)** ■ **www.medinaazahara.org**

El primer palacio de Medina Azahara se construyó en 936 por orden de Abderramán III, el califa de Córdoba bajo cuyo mandato la capital alcanzó su máximo esplendor. El califa le otorgó el nombre de su esposa preferida, Az-Zahra (la radiante). Hoy solo quedan ruinas, pero en su día disponía de palacios, estanques, jardines, zoológico, baños, mercados, mezquitas, un harén de 6.000 mujeres y alojamiento para 4.000 esclavos. Las visitas nocturnas (en primavera y verano) son unas experiencia mágica.

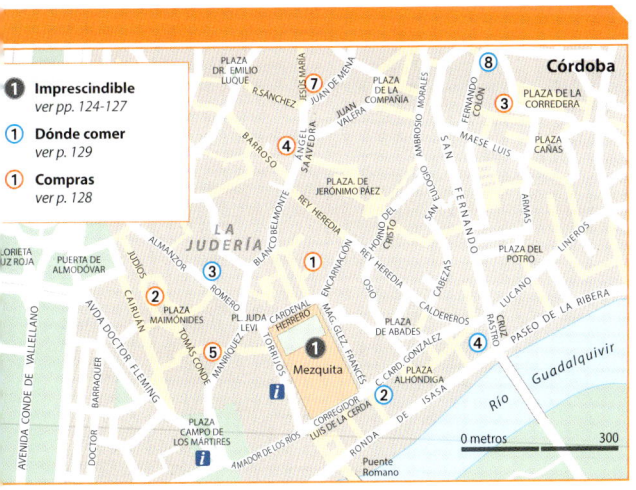

1 Imprescindible
ver pp. 124-127

1 Dónde comer
ver p. 129

1 Compras
ver p. 128

⑤ Montoro

MAPA E2 ■ Museo Arqueológico: plaza de Santa María de la Mota, 957 16 23 00 ■ Horario: may-sep: 9.30-13.30 todos los días; oct-abr: 10.00-14.00 todos los días ■ Casa de las Conchas: C/ Criado 17, 957 16 00 89 (oficina de turismo); visitas sá y do; se cobra entrada

Situada sobre cinco colinas y en el recodo de un meandro del Guadalquivir. Presenta una torre barroca y un precioso puente del siglo XV. Otros lugares de interés son el Museo Arqueológico Municipal y la singular Casa de las Conchas, vivienda sorprendentemente decorada, póngase en contacto con la oficina de turismo para concertar una visita.

⑥ Cástulo

MAPA D2 ■ Ctra Linares-Torreblascopedro (JV-3003) km 3,3 ■ Los horarios varían, consultar la web ■ Se cobra entrada (gratis para ciudadanos de la UE) ■ Museo Monográfico de Cástulo: Calle General Echagüe 2, 23700 Linares; 95360 9389; los horarios varían, consultar la web; www.museosdeandalucia.es

Las ruinas de esta antigua ciudad se encuentran en una posición estratégica en el Valle del Guadalquivir. Cástulo está abierto al público y alberga algunos mosaicos inmaculadamente conservados. El Museo Monográfico de Cástulo, dedicado a esta ciudad y su historia, se encuentra a 7 km en Linares.

⑦ Castillo de Almodóvar

MAPA D3 ■ Almodóvar del Río, 25 km al oeste de Córdoba ■ 957 63 40 55 ■ Los horarios varían, consultar la web ■ www.castillodealmodovar.com ■ Se cobra entrada

En su origen fue el emplazamiento de una fortificación romana y, más

ACEITE DE OLIVA DE BAENA

Los romanos trajeron a Andalucía el cultivo del olivo y los árabes continuaron la tradición. Este pueblo de Córdoba es famoso por su aceite de oliva. Nada más llegar se aprecia la inconfundible fragancia. El Museo del Olivar y el Aceite *(Cañada 7; 957 69 16 41; horario: ma-do)* bien merece una visita *(arriba)*. La meticulosa selección del fruto deja paso al proceso de extracción en molinos de piedra.

tarde, de una árabe. El castillo data del siglo XIV. Cuenta la leyenda que los fantasmas de los prisioneros que murieron aquí recorren las ocho imponentes torres.

⑧ Montilla

MAPA D3 ■ Bodegas Alvear: Avda. de María Auxiliadora 1 ■ 957 65 01 00 ■ Visitas con cita previa, lu-sá ■ Se cobra entrada ■ www.alvear.es

Núcleo de la zona vinícola de Córdoba, de su nombre deriva el término amontillado. Este vino es similar al jerez, aunque más oscuro y con un aroma a almendras más intenso. Debido a las altas temperaturas de la comarca, la uva madura más rápidamente y los vinos no necesitan ser encabezados. En las Bodegas Alvear, fundadas en 1729, se puede comprobar la diferencia *(ver p. 76)*.

Castillo de Almodóvar

⑨ Jaén

MAPA E3 ■ **Catedral: plaza Santa María; horario: 10.00-14.30 y 16.30-20.30 lu-vi, 10.00-20.30 sá, 10.00-11.30 y 16.00-20.00 do; se cobra entrada** ■ **Museo Provincial de Jaén: paseo de la Estación 29; horario: jul-ago: 9.00-15.00 ma-do; med sep-jun: 9.00-21.00 ma-sá, 9.00-15.00 do; se cobra entrada (gratis para ciudadanos UE)**

Esta ciudad cobra especial belleza gracias a las espectaculares murallas del castillo de Santa Catalina *(ver p. 47)*, en su origen árabe, y a la imponente catedral, obra de Andrés de Vandelvira *(ver p. 45)*. Hoy el castillo acoge un parador de turismo, desde donde las vistas de la ciudad y de los olivares circundantes son espectaculares. El Museo Provincial de Jaén expone la mejor colección de escultura íbera de la Península, que se remonta al siglo V a. C.

Castillo de Santa Catalina, Jaén

⑩ Alcalá la Real

MAPA E3 ■ **Fortaleza: 953 10 27 17** ■ **Horario: abr-med oct: 10.30-19.30 todos los días; med oct-mar: 10.00-18.00 todos los días** ■ **Se cobra entrada**

Esta localidad, estratégicamente emplazada, está dominada por la fortaleza de la Mota, ciudadela árabe del siglo XII *(ver p. 46)* construida por el mandatario granadino Badis Aben Habuz. Prácticamente en ruinas, aún conserva las siete puertas primitivas. En el interior, sobre los restos de una antigua mezquita, se halla la iglesia gótico-mudéjar de Santo Domingo, cuyo campanario es un antiguo alminar.

PASEO MATINAL POR BAEZA

▶ **MAÑANA**

Empiece el paseo por esta ciudad renacentista en la hermosa **plaza del Pópulo** *(ver p. 34)*, donde la oficina de turismo se ubica en un espléndido palacio plateresco. Contiguos se hallan los arcos de la **Puerta de Jaén** *(ver p. 34)* y el arco de Villalar. En el centro de la plaza se halla la **fuente de los Leones**. Las fieras y la deteriorada figura de la dama, posiblemente la esposa de Aníbal, aún transmiten una innegable elegancia.

Abandone la plaza por la izquierda de la oficina de turismo y continúe hacia el sureste hasta la **plaza de Santa María** *(ver p. 34)* y la **catedral**. Dentro de la catedral destaca la fastuosa reja del coro, del maestro Bartolomé.

Su siguiente parada, hacia el norte, es el **palacio de Jabalquinto** *(ver p. 34)*, cuya singular fachada es un ejemplo sobresaliente del plateresco isabelino. Visite el patio interior y después el de la antigua universidad. Enfrente, admire la bien conservada iglesia de Santa Cruz *(ver p. 26)*, del siglo XIII.

En la misma calle se alza la **torre de los Aliatares**, construcción árabe del siglo XI. A la vuelta de la esquina, frente al **paseo de la Constitución** *(ver p. 34)*, está la **Alhóndiga**, con su triple hilera de arcos.

Almuerce en la **Taberna El Pájaro**, un local muy tradicional de paredes rústicas de piedra que tiene platos típicos y una extensa carta de vinos *(Portales Tundidores 5; 953 74 43 48; cerrado lu)*.

Ver mapa en pp. 124-125 ←

Compras

Tienda de cuero Meryan

① Meryan, Córdoba
MAPA D3 ▪ Calleja de las Flores 2 ▪ 957 47 59 02

Especialistas en objetos de piel elaborados a mano; aquí podrá encontrar recuerdos de su visita, desde bolsos y accesorios hasta marcos o muebles.

② Zoco Municipal, Córdoba
MAPA D3 ▪ C/ Judíos s/n ▪ 957 29 05 75

Esta histórica casa y su patio se han convertido en una cooperativa para los artistas locales especializados en cerámica, marroquinería, metalistería y carpintería.

③ Kuvo Plata, Córdoba
MAPA D3 ▪ C/ Rodríguez Marín 18 ▪ 957 48 55 52 ▪ www.kuvoplata.com

Esta tienda, situada justo frente al Templo Romano, vende joyas de plata únicas inspiradas en la historia y la cultura de Córdoba.

④ La Oleoteca, Córdoba
MAPA D3 ▪ C/ Ángel de Saavedra 8 ▪ 957 24 41 01 ▪ www.laoleoteca.org

Tienda *gourmet* especializada en aceite de oliva virgen extra y otros productos regionales procedentes de los productores locales. Se anima a probar y degustar.

⑤ Baraka, Córdoba
MAPA D3 ▪ C/ Manríquez ▪ 957 48 83 27

Lugar perfecto para comprar objetos de recuerdo de calidad. Los artículos de cerámica, cuero y cristal, entre otros, están elaborados a mano.

⑥ Ubedíes Artesanía con Esparto, Úbeda
MAPA F2 ▪ C/ Real 45-47 ▪ 639 56 37 88 ▪ www.artesaniaconesparto.com

Selección de piezas innovadoras hechas de esparto, desde zapatillas hasta objetos decorativos.

⑦ Monsieur Bourguignon, Córdoba
MAPA D3 ▪ C/ Jesús María 11 ▪ 605 98 75 84

Esta tienda ofrece un amplio surtido de bombones, galletas y dulces hechos a mano, algunos son tan bonitos que da pena comerlos.

⑧ Galería de Vinos Caldos, Jaén
MAPA E3 ▪ C/ Cerón 12 ▪ 953 23 59 99

Se trata de una de las mejores tiendas de vinos de la zona. Se venden caldos andaluces, incluidos los de Montilla *(ver p. 126)*.

⑨ Barrio de los alfareros, Úbeda
MAPA F2 ▪ C/ Valencia

Úbeda es famosa por su cerámica de color verde oscuro, elaborada en hornos de leña. Sus diseños son de inspiración árabe.

Intrincada cerámica verde de Úbeda

⑩ Mercadillo, Jaén
MAPA E3 ▪ Recinto Ferial, avda. de Granada

Los jueves por la mañana la avenida de Granada cobra vida con un mercadillo, donde se encuentra desde baratijas a raros tesoros.

Dónde comer

PRECIOS
Una comida de tres platos con media
botella de vino (o equivalente), servicio
e impuestos incluidos.

€ menos de 30   €€ 30-50   €€€ más de 50

1 Restaurante & Bistró Casa Alfonso, Cazorla
MAPA G3 ▪ Placeta Consuelo
Mendieta 2 ▪ 953 72 14 63
▪ Cerrado ma ▪ €€

Platos de manos expertas y un
atento servicio en un entorno
elegante. Pruebe alguno de los
menús de degustación.

2 Horno San Luis, Córdoba
MAPA D3 ▪ C/ Cardenal González 73
▪ 957 47 45 29 ▪ €€

Situado en una panadería histórica,
es un restaurante elegante que sirve
cocina variada.

3 El Churrasco, Córdoba
MAPA D3 ▪ C/ Romero 16
▪ 957 29 08 19 ▪ Cerrado ago ▪ €€€

Es uno de los restaurantes
más selectos de la ciudad. Sirve
platos tradicionales deliciosos,
como el churrasco que da nombre
al establecimiento.

4 Almudaina, Córdoba
MAPA D3 ▪ Plaza Campo
Santo de los Mártires 1 ▪ 957 47 43
42 ▪ Cerrado do noche ▪ €€

Este espléndido restaurante, ubicado
en una mansión del siglo XVI, sirve
platos regionales, como perdiz en
salsa.

5 Xavi Taberna, Baeza
MAPA F2 ▪ Portales Tundidores 8
▪ 953 82 33 39 ▪ Cerrado mi ▪ €€

Restaurante en el centro que ofrece
una excelente selección de pescado
y marisco, así como una serie de
platos vegetarianos. También hay
una extensa carta de vinos a precios
razonables. El servicio es cordial y
atento.

6 Casa Rubio, Córdoba
MAPA E3 ▪ C/ Puerta de
Almodóvar 5 ▪ 957 42 08 53
▪ Cerrado ma ▪ €€

Restaurante con estrella Michelin que
sirve una mezcla de *nouvelle cuisine* y
los tradicionales sabores de la región.

7 Las Camachas, Montilla
MAPA D3 ▪ Ctra. Madrid-Málaga,
avda. de Europa 3 ▪ 957 65 00 04 ▪ €€

Se especializa en pescados, como
los lomos de merluza con almejas
y gambas.

La popular Taberna Salinas

8 Taberna Salinas, Córdoba
MAPA D3 ▪ C/ Tundidores 3
▪ 957 48 29 50 ▪ Cerrado do noche
y lu ▪ €

Local muy concurrido, con comedores
que rodean un patio. Pruebe las
naranjas picás con aceite y bacalao.

9 Panaceite, Jaén
MAPA E3 ▪ C/ Bernabé
Soriano 1 ▪ 953 24 06 30 ▪ €

Panaceite ofrece una buena selección de especialidades locales como
el solomillo de cerdo con mermela-
da de cebolla.

10 Mesón Navarro, Úbeda
MAPA F2 ▪ Plaza del Ayuntamiento 2
▪ 953 75 73 95 ▪ Cerrado ma ▪ €

Toda una institución en la ciudad.
Pruebe los pinchitos y los ochios.

Ver mapa en pp. 124-125

Datos útiles

Paseando por una calle
de casas encaladas en Málaga

Cómo llegar y moverse

Llegada en avión

Andalucía tiene aeropuertos en Málaga, Almería, Granada-Jaén, Jerez y Sevilla.

El aeropuerto **Málaga-Costa del Sol (AGP)** es el cuarto con mayor tráfico de España, tiene frecuentes vuelos regulares y chárteres a muchas ciudades europeas. Hay autobuses desde el aeropuerto a Marbella (45 minutos). Los trenes de la línea C1 salen cada 20 minutos hacia la estación **María Zambrano** de Málaga, que está a 14 km; el trayecto dura 8 minutos. En dirección opuesta, la C1 para en Torremolinos, Benal-mádena y Fuengirola.

Los otros aeropuertos, más pequeños, de **Almería (LEI)**, Federico García Lorca Granada-Jaén **(GRX)**, Jerez de la Frontera **(XRY)** y Sevilla **(SVQ)** son atendidos por aerolíneas nacionales y europeas, y hay aumento de vuelos chárter en los meses de verano. El transporte público que enlaza el aeropuerto con las ciudades más cercanas es excelente.

El aeropuerto de **Gibraltar (GIB)** ofrece vuelos a Gran Bretaña y Marruecos.

Viajar en tren

La Red Nacional de Ferrocarriles Españoles **(Renfe)** gestiona los servicios ferroviarios nacionales e internacionales de España. En el sitio web de Renfe se pueden obtener medidas de seguridad e higiene, horarios, información sobre billetes, mapas de transporte, etc. Para viajes internacionales en tren, es aconsejable comprar el billete con bastante antelación. **Eurail** vende pases (para no residentes europeos), que son válidos en los trenes de Renfe. Los servicios internacionales de tren terminan en Barcelona o Madrid, desde donde puede tomar un servicio nacional a Andalucía. Los trenes procedentes de Londres, Bruselas, Ámsterdam, Ginebra, París, Zúrich y Milán llegan a Barcelona a través de Cerbère. En Cerbère puede enlazar con el Tren Articulado Ligero Goicoechea Oriol (TALGO), un servicio de trenes de alta velocidad (operado por Renfe).

Trenes regionales y nacionales

Renfe, junto con algunas compañías regionales, opera un buen servicio de trenes por toda Andalucía. Se pueden comprar los billetes en Internet en las páginas web de cada operador o en las estaciones. Los servicios interurbanos más rápidos son el TALGO, Iryo, Avlo (línea de tren de bajo coste de Renfe) y el AVE (operado por Renfe), que unen Madrid con Sevilla en dos horas y media. Las líneas de alta velocidad también enlazan Barcelona con Sevilla y Málaga, ambos trayectos en hora y media. A título orientativo, un billete de turista (segunda clase) de ida de Madrid a Málaga cuesta de 18 € (Iryo) a 25,45 € (AVE). Los trenes de largo recorrido son más baratos que los de alta velocidad, pero son tan lentos que suele ser necesario viajar de un día para otro. Se aconseja reservar con al menos un mes de antelación. Los trenes regionales y cercanías son frecuentes y baratos.

Viajar en autocar

A menudo, la forma más barata y fácil de llegar y viajar por Andalucía es en autocar. Los autocares circulan con frecuencia entre las principales ciudades y pueblos de Andalucía, y conectan la región con el resto de España. Las principales estaciones de autocares de Andalucía se encuentran en Sevilla, Córdoba, Granada, Málaga y Almería. **Eurolines** une Andalucía con Portugal y también hay conexiones internacionales con Francia, Holanda, Bélgica, Suiza y Austria. España no cuenta con una empresa nacional de autocares, pero compañías regionales privadas operan rutas por todo el país. La mayor de ellas es **Alsa.** Otras empresas operan en regiones concretas: Alsina Graells, por ejemplo, cubre la mayor parte del sur y el este de España. Los modernos autocares son cómodos, limpios, con aire acondicionado y suelen ofrecer wifi. Para trayectos cortos, los billetes se pueden comprar directamente al conductor al subir al autobús. Para los viajes de media y larga distancia, se puede reservar en las estaciones de autobuses o en Internet a través de **Movelia,** así como en las compañías de autobuses. Hay que tener en cuenta que no siempre es posible reservar billetes para viajes de larga distancia con antelación.

Transporte público

Desplazarse y hacer turismo por Andalucía es posible a pie y en transporte público. En la mayoría de las localidades, con los autobuses basta. Córdoba, Sevilla, Málaga y Granada tienen metro y tranvía. Jaén cuenta con infraestructura de tranvía. Las páginas web de turismo de **Córdoba, Sevilla, Granada, Málaga, Almería** y **Cádiz** ofrecen información actualizada sobre transporte público.

Billetes

El mejor sitio para comprar billetes de transporte público son las estaciones, en ventanilla o en las máquinas expendedoras. Puede ser un billete en papel o una tarjeta recargable.

Metro

El **Metro de Sevilla** está concebido para dar servicio al centro y alrededores a través de cuatro líneas, aunque en la actualidad solo funciona una.

El **Metro de Málaga** tiene dos líneas que conectan el extrarradio con las estaciones de Guadalmedina y Atarazanas en el centro.

El **Metropolitano de Granada** une Granada con las localidades de Armilla, Albolote y Maracena.

Tranvías

En Sevilla funciona un sistema de tranvía llamado Metrocentro. Es un transporte rápido entre la estación de San Bernardo y la Plaza Nueva, en una zona que de otro modo solo puede recorrerse a pie.

A finales de 2023 se amplió la red a Puerta Osario y a la estación de Santa Justa.

Se paga en las máquinas que hay en las paradas de tranvía o, una vez en el interior, se pasa la tarjeta por el lector. Metrocentro pasa cada 3 o 5 minutos y se detiene unos momentos en la parada.

INFORMACIÓN

LLEGADA EN AVIÓN
AENA
AENA gestiona todos los aeropuertos.
📞 91 321 10 00
🖥 aena.es

VIAJAR EN TREN
Avlo
🖥 avlorenfe.com
Eurail
🖥 eurail.com
Iryo
🖥 iryo.eu
Renfe
📞 912 320 320
🖥 renfe.com

TRANVÍAS
Tranvías de Sevilla
📞 955 03 86 65
🖥 tranviasdesevilla.com
VIAJAR EN AUTOCAR
Alsa
📞 902 42 22 42 (24 horas)
🖥 alsa.es
Eurolines
🖥 eurolines.com
Movelia
🖥 movelia.es

TRANSPORTE PÚBLICO
Almería
🖥 almeriaciudad.es
Cádiz
🖥 tranviadecadiz
sanfernandoycarraca.es

Córdoba
🖥 cordoba.es
Granada
🖥 movilidadgranada.com
Málaga
🖥 movilidad.malaga.eu
Sevilla
🖥 visitasevilla.es

METRO
Metropolitano de Granada
🖥 metropolitanogranada.es
Metro de Málaga
🖥 metromalaga.es
Metro de Sevilla
🖥 metro-sevilla.es

Autobuses

Los autobuses siguen siendo la forma más habitual de transporte público en Andalucía, y también la más barata y cómoda para conocer los lugares de interés de Sevilla. En ocasiones los horarios no se cumplen y no funcionan más allá de las 22.00.

La página web de **TUSSAM** busca las mejores rutas pero, por lo general, las líneas más útiles son las circulares, que van de la C1 a la C6 y recorren el centro. En Granada, la C30, C32 y C35 van del centro al Albaicín, la Alhambra y el Sacromonte.

Taxis

En toda Andalucía, sobre todo en ciudades y pueblos, el taxi es una forma económica de desplazarse si el transporte público no es una opción; útil para trayectos cortos, pero caro para viajes más largos. Las tarifas suelen subir por la noche y en fines de semana y festivos. Hay un recargo para los trayectos a aeropuertos y estaciones de autobús y tren.

Una opción más asequible para viajar entre ciudades son los servicios de transporte compartido, como **BlaBlaCar.**

Málaga es famosa por sus bicitaxis o trixis. Los pasajeros van en un remolque completamente cubierto que es arrastrado por una bicicleta, por lo que puede ser una opción de viaje bajo cualquier clima.

En coche

Para circular en Andalucía con su propio vehículo es necesaria la documentación habitual: documento de registro del vehículo, seguro en curso, y carné de conducir o pasaporte si es extranjero. Es obligatorio llevar el chaleco reflectante y un triángulo señalizador en todo momento. En Andalucía hay autopistas de peaje y autovías. Las primeras se diferencian por la P después de la A (AP), mientras que las que no llevan la P son gratuitas. Las comarcales se distinguen porque van precedidas de una C.

Aparcar puede ser difícil, especialmente en los Pueblos Blancos, donde las carreteras son estrechas y hay poca disponibilidad de aparcamiento. A veces es mejor dejar el coche a las afueras y caminar.

Desde 2024 el acceso a la mayoría de las ciudades españolas de más de 50.000 habitantes está restringido. Los centros urbanos están vedados a los vehículos que no cumplan las restricciones de emisiones o no exhiban una pegatina de emisiones expedida por el Gobierno.

Alquiler de coches

Todos los aeropuertos tienen varias empresas de alquiler de coches, y hay otras muy competitivas en el centro de las ciudades. Para alquilar un coche es necesario tener el carné de conducir, pasaporte y tarjeta de crédito; algunas agencias solo aceptan clientes con más de 21 años, o incluso 25 años.

Las compañías de alquiler más populares son **Europcar, Avis** y **Hertz.** La opción Fly-drive incluye alquiler de coche en el coste del billete de avión y puede interesar a dos o tres personas que viajen juntas.

Normas de circulación

El límite de velocidad es 120 km/h en las autopistas y autovías, 100 km/h en las carreteras con más de un carril en cada dirección y 90 km/h en las carreteras comarcales, a menos que se indique lo contrario. En las zonas urbanas el límite puede bajar a 20 km/h.

Hay estrictas leyes en vigor sobre consumo de alcohol y conducción. El límite general para los conductores de vehículos privados y ciclistas es 0,05%.

Después de un accidente de tráfico, todos los que han estado involucrados tienen que hacer un test de alcoholemia. Puede obtener más información en el **RACE.**

Barcos y ferris

Hay ferris que conectan la Península con las islas Baleares y Canarias, y con el norte de África, Italia y el Reino Unido, y que permiten llevar el coche. **Acciona Trasmediterránea** opera un servicio semanal de Cádiz a los principales puertos canarios. Conviene reservar con antelación, sobre todo en verano.

En bicicleta

En la mayoría de las ciudades andaluzas hay carriles bici. Sevilla ha peatonalizado una vía principal del centro, creando un amplio paseo, que permite el uso de bicicletas. La Andalucía rural es muy recomendable para el ciclismo gracias a una extensa red de caminos secundarios, aunque las cuestas pronunciadas pueden ser una prueba para los ciclistas inexpertos. Más fáciles son las **Vías Verdes,** que se crearon por toda España al convertir las líneas de tren abandonadas en áreas recreativas para practicar ciclismo, senderismo y montar a caballo. Hay rutas en todas las provincias andaluzas. En las principales ciudades y pueblos se alquilan bicicletas.

SEVICI es un programa de alquiler de bicicletas en autoservicio en la ciudad de Sevilla. Cuenta con 2.500 bicicletas y opera

las 24 horas del día. Se pueden alquilar gratis durante 30 minutos y, a partir de ese margen, cobran por hora. Los abonos de alquiler diarios, semanales y anuales pueden adquirirse en línea o a través de la aplicación.

Los vehículos a motor suelen considerar una molestia a los ciclistas y el tráfico puede resultar peligroso. Es muy recomendable llevar casco.

A pie

Todas las ciudades y pueblos de Andalucía invitan a pasear y muchas zonas están peatonalizadas. A pie se pueden apreciar detalles arquitectónicos, empaparse de la vida de la calle y asomarse a alguna iglesia, comercio o bar que le interese. Hay que tener en cuenta que las aceras pueden ser estrechas y desiguales en los cascos históricos. Los días calurosos conviene ir por la sombra y llevar agua en todo momento. Hay varios senderos de gran recorrido que atraviesan Andalucía. Uno de los más asentados es el **GR7,** que comienza en Tarifa y atraviesa Málaga y Granada, conectando la región con el norte de España, Andorra y Francia antes de unirse, en Alsacia, con el sendero E5. En el interior montañoso de Granada, el GR7 cruza de pueblo en pueblo. Hay un servicio

de transporte de equipaje que recoge o entrega las maletas al comienzo, o al final, de la caminata prevista.

El Camino Mozárabe es una ruta señalizada que sirve como vía para los peregrinos del sudeste español, ya que forma parte de la famosa red del Camino de Santiago. El tramo andaluz consta de 396 km desde Granada hasta Córdoba y luego va hacia Mérida, donde conecta con la ruta que lleva a Santiago de Compostela.

INFORMACIÓN

AUTOBUSES

TUSSAM
w tussam.es

TAXIS

BlaBlaCar
w blablacar.es

ALQUILER DE COCHES

Avis
w avis.es

Europcar
w europcar.es

Hertz
w hertz.es

NORMAS DE CIRCULACIÓN

RACE
w race.es

BARCOS Y FERRIS

Acciona Trasmediterránea
w trasmediterranea.es

EN BICICLETA

SEVICI
w sevici.es

Vías Verdes
w viasverdes.com

A PIE

GR7
w fedamon.es

Información práctica

Documentación

Los visitantes de fuera del Espacio Económico Europeo (EEE), la Unión Europea (UE) y Suiza necesitan pasaporte para entrar en España. Los ciudadanos del EEE, la UE y Suiza pueden usar el carné de identidad.

Desde 2024 los ciudadanos del Reino Unido, Estados Unidos, Canadá, Australia y Nueva Zelanda no necesitan visado para estancias inferiores a tres meses, pero deben solicitar con antelación el European Travel Information and Authorization System **(ETIAS).** Los visitantes de otros países también pueden necesitar un ETIAS, así que hay que informarse antes de viajar. Los ciudadanos de la UE no necesitan visado ni ETIAS. Los visados de la zona Schengen son válidos en España.

Varios países, entre ellos el Reino Unido, Estados Unidos, Canadá e Irlanda, tienen consulados en Andalucía y pueden prestar asistencia consular a sus nacionales.

Consejos oficiales

Es importante consultar los avisos del Gobierno de España antes de viajar. En la página web del **Ministerio de Sanidad** se puede encontrar información actualizada sobre seguridad, sanidad y regulaciones locales.

Si se viaja desde fuera de España se pueden consultar la página web del **Ministerio de Asuntos Exteriores de España** y la del país de origen.

Información de aduanas

La página web de **Turespaña** muestra información sobre bienes y divisas que pueden introducirse o sacarse de Andalucía.

Para los ciudadanos de la UE no hay límite en la mayoría de los productos transportados dentro o fuera de España siempre que sean para uso personal. Hay excepciones como las armas de fuego, algunos alimentos y plantas, y especies en peligro de extinción.

Los ciudadanos no comunitarios pueden importar 200 cigarrillos y un litro de bebidas alcohólicas por adulto, y pueden obtener un reembolso del impuesto de ventas (IVA) del 21% por compras de más de 90,15 €. Esto se puede hacer en el aeropuerto al marcharse.

Seguros de viaje

Se recomienda a todos los viajeros que se hagan un seguro de accidente, enfermedad, robo o pérdida, y retrasos o cancelaciones de viajes, y que se lean la letra pequeña.

España tiene acuerdos de sanidad con otros países de la UE, y los ciudadanos europeos reciben tratamiento de urgencia público si llevan la Tarjeta Sanitaria Europea. Las recetas se tienen que pagar por adelantado.

Los visitantes no comunitarios deberían comprobar (en sus embajadas) si existen acuerdos con España.

Salud

Con la **Tarjeta Sanitaria Individual de la Seguridad Social** está garantizada la atención en el servicio público de medicina cuando se viaja a Andalucía.

España tiene un excelente servicio público de salud, y las ciudades y zonas costeras de Andalucía cuentan con buenos hospitales y clínicas. Con la **Tarjeta Sanitaria Europea (TSE)** los ciudadanos de la UE pueden recibir atención en la sanidad pública. Conviene presentar la tarjeta EHIC o GHIC si se tiene. Puede que haya que pagar el tratamiento y reclamar después. Para ciudadanos no comunitarios no existe cobertura, por lo que es importante contratar un seguro.

Las farmacias, señalizadas con una cruz verde o una cruz blanca sobre fondo verde, pueden aconsejarle algún tratamiento. Fuera de horario, se indica en la puerta de cada farmacia la que está más cerca y abre toda la noche, o puede buscar *online* la más cercana. Los anticonceptivos de emergencia están disponibles con prescripción médica.

En caso de accidente o emergencia médica llame al servicio de urgencias o a la **Cruz Roja**, que enviará una ambulancia y a los paramédicos. También hay números de teléfono para urgencias dentales, por drogas o envenenamiento.

Cuando llegue al hospital, use la entrada de Urgencias. Para casos menos serios, acuda a una de las muchas clínicas privadas.

Para obtener información sobre requisitos de vacunación contra la COVID-19 hay que consultar los consejos oficiales.

Es aconsejable tener al día las vacunas comunes.

Tabaco, alcohol y drogas

Fumar está prohibido en todos los espacios públicos cerrados, aunque se puede en terrazas de bares y restaurantes. En España hay una actitud relajada hacia el alcohol, pero está mal visto estar visiblemente bebido.

El límite de alcohol al volante se cumple estrictamente *(ver p. 135)*. Las drogas son ilegales y la posesión, por pequeña que sea la cantidad, puede ocasionar una multa. El tráfico de drogas es delito.

Carné de identidad

La ley obliga a ir identificado, aunque una fotocopia debería bastar hasta que pueda acudir a comisaría con el original, que debería permanecer guardado en el hotel.

Seguridad personal

Andalucía es una región segura, pero hay que tener cuidado en trenes abarrotados, estaciones y zonas turísticas multitudinarias donde los carteristas suelen actuar. Por la noche, conviene evitar las zonas marginales de las principales ciudades.

En caso de robo, hay que denunciarlo en una comisaría en las 24 horas posteriores; es necesario llevar consigo el DNI. Se debe guardar una copia de la denuncia para posibles reclamaciones al seguro. Si se viaja desde fuera de España, hay que contactar con la embajada en caso de robo del pasaporte o una situación grave.

Los andaluces, por regla general, son abiertos a todo el mundo. La homosexualidad es legal en España y las parejas del mismo sexo pueden casarse y adoptar hijos. Sin embargo, en algunos lugares fuera de entornos urbanos prevalecen las actitudes conservadoras.

Torremolinos es conocida por su ambiente LGTBIQ+ nocturno *(p. 110)*, y Sevilla, Granada y Cádiz también cuentan con una animada escena LGTBIQ+.

En caso necesario, llame gratuitamente a los servicios de **ambulancia, bomberos** y **policía.**

INFORMACIÓN

DOCUMENTACIÓN
ETIAS
🌐 etiasvisa.com

CONSEJOS OFICIALES
Ministerio de Asuntos Exteriores de España
🌐 exteriores.gob.es

Ministerio de Sanidad
🌐 sanidad.gob.es

INFORMACIÓN DE ADUANAS
Turespaña
🌐 spain.info

SALUD
Tarjeta Sanitaria Individual de la Seguridad Social
🌐 sanidad.gob.es/areas/saludDigital/tarjetaSanitariaSNS

Tarjeta Sanitaria Europea (TSE)
🌐 seg-social.es

Cruz Roja
📞 952 22 22 22

Médicos de Urgencias
📞 112

Farmacias de guardia
🌐 farmacias.es

SEGURIDAD PERSONAL
Ambulancia
📞 061 o 112

Bomberos
📞 080 o 112

Policía
📞 091 o 112

Policía municipal
📞 092

COMISARÍAS DE POLICÍA
🌐 policia.es

Córdoba
📞 957 59 45 00

Granada
📞 958 80 80 00

Sevilla
📞 954 28 93 00

Viajeros con necesidades específicas

Los viajeros con movilidad reducida encontrarán que las zonas costeras están bien equipadas para sus necesidades, pero aun así es aconsejable llamar a hoteles y restaurantes con antelación y preguntar.

La Confederación Española de Personas con Discapacidad Física y Orgánica **(COCEMFE)** y **Accessible Spain** ofrecen información e itinerarios a medida.

El transporte público está por lo general bien adaptado y cuenta con sillas de ruedas, lavabos adaptados y rampas. En Sevilla todos los transportes permiten acceder con silla de ruedas. En los aeropuertos hay aparcamiento reservado y otras facilidades. El Metro tiene información en braille proporcionada por la Organización Nacional de Ciegos **(ONCE)**.

Zona horaria

España se encuentra en la Hora Europea Central. Los relojes se adelantan una hora en el horario de verano, desde el último sábado de marzo hasta el último domingo de octubre.

Dinero

España usa el euro. La mayoría de los establecimientos aceptan tarjetas de crédito, débito y prepago. Los pagos *contactless* son habituales en ciudades, pero siempre es buena idea llevar efectivo para pequeños gastos y el transporte público. Hay cajeros por toda Andalucía, aunque algunos pueden cobrar comisión.

No hay obligación de dejar propina, pero se acostumbra hacerlo.

Dispositivos eléctricos

La corriente eléctrica es de 230 voltios. Los enchufes son de tipo F y C, con dos clavijas redondas, como es común en la Europa continental.

Teléfonos móviles y wifi

Hay multitud de puntos de acceso a wifi en toda Andalucía. Se pueden consultar en la página de la **Junta de Andalucía.**

Los viajeros con tarifas europeas pueden usar sus dispositivos sin que les afecten las tarifas de itinerancia.

Correos

El servicio de **Correos** es eficaz, fiable y rápido. En las oficinas, cuyos horarios varían, se pueden adquirir sellos, al igual que en las máquinas expendedoras.

Clima

El suave clima mediterráneo de Andalucía es agradable durante todo el año. La temperatura media anual es de 18-20 °C, con 320 días de sol. La zona de la costa tiene altas fluctuaciones entre 15 °C y 30 °C. En el interior, las ciudades promedian variaciones más amplias desde los 12 °C en enero a los incómodos 36 °C en agosto. En la Costa del Sol, el clima es suave y seco de abril a septiembre, muy caluroso en julio y agosto, y frío y seco en invierno. En el interior, las temperaturas suben ante la ausencia de viento y descienden significativamente en las zonas altas como Sierra Nevada y la Alpujarra. Las noches pueden ser frías incluso en verano.

Hay razones para venir aquí en cada estación: en verano, por su vida nocturna, en primavera y otoño, por la naturaleza, y en invierno para esquiar. Pero el otoño es sin duda el mejor momento: el clima y el agua todavía son cálidos, hay menos gente, los precios son más bajos y hay muchas fiestas locales.

Horarios

El horario comercial típico es de lunes a sábado de 9.30-13.30 y de 16.30-20.00. Los grandes centros comerciales también abren sus puertas algunos domingos al año. En temporada alta en las zonas de costa muchos comercios abren hasta las 22.00. Los grandes supermercados abren de 9.00-22.00. Las tiendas pequeñas suelen cerrar los sábados a las 15.00.

La pandemia de **COVID-19** demostró que todo puede cambiar repentinamente. Antes de visitar museos, monumentos u otros lugares de interés consulte los horarios actualizados y las formalidades de reserva.

Información turística

Hay oficinas de información turística en el aeropuerto y en las ciudades y los pueblos más grandes. En ellas se pueden conseguir mapas y tarjetas turísticas, que traen descuentos para lugares de interés y organizar excursiones por la ciudad o en el autobús turístico. Las oficinas de información turística son muy útiles para descubrir la zona. Las páginas oficiales de turismo de Andalucía y España ofrecen más información.

Algunas ciudades ofrecen tarjetas descuento con la que se puede entrar gratis o a precio reducido a espectáculos, museos e incluso restaurantes, pero no son gratuitas, por lo que conviene estudiar si se las va a sacar rendimiento.

Turismo responsable

La crisis climática está teniendo un gran impacto en Andalucía y la Costa del Sol, con sequías y olas de calor cada vez más frecuentes. Por ello es importante ducharse rápidamente y reutilizar las toallas si se está alojado en un hotel. Andalucía también corre el riesgo de sufrir incendios forestales, así que hay que tener cuidado al deshacerse de colillas y botellas de vidrio; provocar un incendio, aunque sea accidental, está tipificado como delito.

Tauromaquia

Las corridas son frecuentes en Andalucía. Los defensores argumentan su valor cultural y que los animales serían sacrificados de no existir la fiesta. Los detractores dicen que es una práctica cruel y protestan con frecuencia. Si se quiere asistir a una corrida, conviene ver a un torero de renombre porque es más probable que mate limpia y rápidamente. De lo contrario, el público hará patente su desaprobación.

Idioma

El castellano es la lengua principal de España y se habla en Andalucía. El inglés está muy extendido en las ciudades y otros lugares turísticos, pero no siempre ocurre lo mismo en las zonas rurales.

Impuestos y devoluciones

En España se aplica un IVA del 21%, salvo para algunos productos y servicios que es más reducido.

En algunas circunstancias, los ciudadanos de fuera de la UE pueden solicitar una devolución. En el comercio se facilita una hoja que una vez rellena se entrega en el servicio de aduanas o en alguna de las máquinas de autoservicio que hay en los principales puertos y aeropuertos.

Alojamiento

Cualquiera que sea su presupuesto, normalmente no tendrá problemas para encontrar un buen lugar donde alojarse, aunque en verano (junio-agosto) y en fiestas los precios se encarecen y los alojamientos se agotan, por lo que conviene reservar lo antes posible. La mayoría de hoteles ofertan sus precios sin el 10% de impuestos.

Páginas web como **Laterooms, Booking.com** y **Trivago** pueden ayudar a explorar las diversas opciones.

INFORMACIÓN

VIAJEROS CON NECESIDADES ESPECÍFICAS

Accessible Spain
w accessiblespaintravel.com

COCEMFE
w cocemfe.es

ONCE
w once.es

TELÉFONOS MÓVILES Y WIFI

Junta de Andalucía
w juntadeandalucia.es/temas/tic/formacion-acceso

CORREOS
w correos.es
902 19 71 97

INFORMACIÓN TURÍSTICA

Andalucía
w andalucia.org

España
w spain.info

ALOJAMIENTO

Booking.com
w booking.com

Laterooms
w laterooms.com

Trivago
w trivago.com

Dónde alojarse

PRECIOS
Por habitación doble (con desayuno, si está incluido),
impuestos y otros cargos.

€ menos de 100 €   €€ 100-200 €   €€€ más de 200 €

Alojamiento en Sevilla

Hotel Un Patio al Sur
PLANO L2 ▪ C/ Fernán
Caballero 7 ▪ 954 22 10 35
▪ www.patioalsur.es ▪ €
Este hotel *boutique* respetuoso con el medioambiente está situado en una mansión del siglo XVIII cerca del Museo de Bellas Artes. La terraza de la azotea tiene estupendas vistas a la ciudad. Wifi gratis.

Oasis Backpackers' Palace
PLANO L2 ▪ C/ Almirante
Ulloa 1 ▪ 955 22 82 87
▪ www.oasisseville.com
▪ €
Situado en un palacio, tiene dormitorios espaciosos y habitaciones dobles con baño. Ofrece wifi, cocina compartida, salón y una piscina en la azotea.

Alcoba del Rey
PLANO N1 ▪ C/ Bécquer 9
▪ 954 91 58 00 ▪ www.
alcobadelrey.com ▪ €€
Hotel de diseño con decoración india y marroquí, y grandes camas con dosel. Excelentes vistas desde la terraza de la azotea. Wifi gratis.

H10 Corregidor Boutique Hotel
PLANO M1 ▪ C/ Morgado
17 ▪ 954 38 51 11 ▪ www.
h10hotels.com ▪ €€€
Justo a la vuelta de la esquina de la animada Alameda de Hércules, en la parte de moda de la ciudad. Es un cómodo hotel *boutique* con piscina en la azotea y acceso gratuito al gimnasio que tiene enfrente. Wifi gratis.

Murillo Apartamentos
PLANO M4 ▪ Lope de Rueda
16 ▪ 954 21 60 95 ▪ www.
hotelmurillo.com ▪ €€
Estos encantadores apartamentos llevan el nombre del pintor barroco nacido en el viejo barrio donde se encuentran. Estupenda terraza con vistas de la ciudad y wifi gratis.

EME Catedral Mercer Hotel
PLANO M3 ▪ C/ Alemanes
27 ▪ 954 56 00 00 ▪ www.
emecatedralmercer.com
▪ €€€
Tiene un ambiente moderno. Destacan su *spa*, un gimnasio, un excelente restaurante italiano, un bistró de fusión mediterránea y una terraza en la azotea con vistas incomparables.

Eurostars Sevilla Boutique
PLANO M2 ▪ C/ Abades
41 ▪ 954 97 90 09 ▪ www.
eurostarshotels.com
▪ €€€
En el corazón del barrio de Santa Cruz, tiene excelentes vistas a la Giralda y la catedral desde su terraza en la azotea. Ofrece lujo minimalista, que contrasta con su fachada clásica. Tiene piscina exterior.

Hotel Alfonso XIII
PLANO M4 ▪ C/ San
Fernando 2 ▪ 954 91 70 00
▪ www.marriott.com ▪ €€€
Este palacio histórico fue erigido por el rey del que toma su nombre para albergar a la familia real y otros dignatarios durante la Expo de 1929. Las habitaciones están lujosamente decoradas y tiene una piscina exterior junto a la que se puede cenar al aire libre.

La Parada del Marqués
PLANO K2 ▪ C/ Marqués de
Paradas 45 ▪ 628 70 94 45
▪ €€€
Hotel *boutique*, con terraza en la azotea, que combina elementos arquitectónicos históricos con mobiliario contemporáneo. Está cerca de la estación de autobuses de la plaza de Armas, la zona comercial y el Museo de Bellas Artes.

Las Casas del Rey de Baeza
PLANO N2 ▪ Plaza Jesús de
la Redención 2 ▪ 954 56 14
96 ▪ www.hospes.es ▪ €€€
Este elegante hotel se encuentra en un hermoso entorno que fusiona la arquitectura histórica tradicional con el estilo moderno. Los pasajes en sombra y los suelos de piedra reflejan los tonos naturales de los patios. La piscina en la azotea es un plus.

Meliá Colón Hotel
PLANO L2 ▪ C/ Canalejas
1 ▪ 954 50 55 99 ▪ www.
melia.com ▪ €€€
Este gran hotel de cinco estrellas combina la elegancia andaluza con el máximo confort. Disfrute de sus excelentes vistas desde el solá-

ium, refrésquese en la piscina o relájese en el *spa*. El bar ofrece música en directo.

Alojamiento en Granada

Hotel Rosa D'Oro
PLANO R2 ▪ Carrera del Darro 23 ▪ 958 21 57 30 ▪ www.hotelrosadeoro.es ▪ €€
Este palacio del siglo XVI y antiguo convento franciscano sobre el río Darro ha sido restaurado para que recuperara su estilo original. Algunas habitaciones tienen vistas espectaculares y hay un elegante patio.

Hotel Sacromonte
MAPA F4 ▪ Plaza del Lino 1 ▪ 958 26 64 11 ▪ €€
Moderno hotel de tres estrellas en el centro de Granada. Tiene habitaciones decoradas con gusto, un gimnasio bien equipado y piscina. Wifi gratis.

Hotelito Boutique Suecia
PLANO R3 ▪ C/ Molinos (Huerta de los Ángeles) 8 ▪ 958 22 50 44 ▪ €
Esta casa tradicional andaluza en una frondosa calle sin salida tiene las ventanas en arco, baldosas de terracota y un patio. La terraza de la azotea es perfecta para admirar la Alhambra. Wifi gratis.

Oasis Backpackers' Hostel
PLANO Q2 ▪ Placeta Correo Viejo 3 ▪ 958 21 58 48 ▪ oasisgranada.com ▪ €
Situado en edificio histórico, tiene una terraza en la azotea con excelentes vistas, un patio interior, un bar, una cocina y wifi gratis.

La mayoría de las habitaciones tienen baño propio. Organiza recorridos por la ciudad.

Posada Pilar del Toro
PLANO Q2 ▪ C/ Elvira 25 ▪ 958 22 73 33 ▪ www.posadadeltoro.com ▪ €
Esta posada en el corazón del Albaicín tiene vigas de madera y baldosas de cerámica que crean un ambiente rústico con comodidades modernas.

Palacete 1620 Premium Suites
PLANO Q2 ▪ Plaza de los Lobos 6 ▪ 958 87 05 50 ▪ www.palacete1620.com ▪ €€
En una casa solariega del siglo XVII, estos apartamentos señoriales han sido meticulosamente diseñados, respetando los elementos originales pero ofreciendo confort y elegancia modernos. Se distribuyen en torno a un patio interior. Solo adultos.

Hotel Gar Anat
PLANO Q2 ▪ Placeta de Peregrinos 1 ▪ 617 04 04 17 ▪ www.hotelgaranat.com ▪ €€
Hotel *boutique* magníficamente situado que ocupa una mansión del siglo XVI. Ocho de las habitaciones tienen vistas a la Alhambra. Los huéspedes pueden disfrutar de aperitivos y vinos de cortesía todas las noches.

Hotel Reina Cristina
MAPA F4 ▪ C/ Tablas 4 ▪ 958 25 32 11 ▪ www.hotelreinacristina.com ▪ €€
Todo se ha mantenido más o menos igual que cuando el poeta García Lorca se tuvo que esconder en este lugar. Fue el último sitio donde estuvo el poeta

antes de su prematuro final (ver p. 55). Cada habitación tiene su estilo y hay patios y fuentes en las zonas comunes.

Room Mate Leo
PLANO Q3 ▪ C/ Mesones 15 ▪ 958 53 55 79 ▪ www.room-matehotels.com ▪ €€
Este moderno hotel está situado en una calle peatonal a corta distancia de la mayoría de los lugares turísticos. Desde la terraza del último piso hay vistas espectaculares de la Alhambra y la ciudad, y algunas habitaciones son modernas gracias a una creativa mezcla de color y decoración. Hay un desayuno bufé hasta las 12.00.

Alhambra Palace
PLANO R3 ▪ Plaza Arquitecto García de Paredes 1 ▪ 958 22 14 68 ▪ www.h-alhambrapalace.es ▪ €€€
El estilo de esta extravagancia de la *belle époque* es neomorisco. Las zonas comunes son espléndidas. A pocos pasos del palacio nazarí, tiene magníficas vistas desde todas las habitaciones, terrazas y balcones.

Paradores

Parador Alcázar del Rey, Carmona
MAPA C3 ▪ Alcázar s/n ▪ 954 14 10 10 ▪ www.parador.es ▪ €€
Esta fortaleza musulmana del siglo XIV que mira al río Corbones es ahora uno de los paradores más impresionantes. Las habitaciones son grandes y están decoradas en estilo andaluz clásico con muchas antigüedades. Refrésquese en la piscina del jardín o en la enorme terraza.

Parador Arcos de la Frontera

MAPA C5 ■ Plaza del Cabildo ■ 956 70 05 00 ■ www.parador.es ■ €€
Este hotel justo en la orilla del Guadalete, tiene impresionantes vistas al fértil valle del río y de la parte antigua de la ciudad. Es un punto de partida ideal para hacer la ruta de los Pueblos Blancos, así como para ir a Jerez de la Frontera. El patio está decorado con celosías y azulejos.

Parador Condestable Dávalos, Úbeda

MAPA F2 ■ Plaza de Vázquez Molina ■ 953 75 03 45 ■ www.parador.es ■ €€
Viva como un noble del siglo XVI en un palacio renacentista en el corazón de uno de los centros históricos mejor conservados de España. Las habitaciones reflejan su carácter noble con sus altos techos y muebles antiguos.

Parador de Antequera

MAPA D4 ■ Paseo García del Olmo 2 ■ 952 84 02 61 ■ www.parador.es ■ €€
Este tranquilo parador rodeado de jardines y una piscina, se encuentra cerca del espectacular El Torcal (ver p. 61). Las habitaciones ofrecen vistas panorámicas del paisaje andaluz.

Parador de Ayamonte

MAPA A4 ■ Avda. de la Constitución ■ 959 32 07 00 ■ www.parador.es ■ €€
Un hotel moderno con habitaciones iluminadas por el sol en un lugar perfecto para explorar la zona en que Huelva se encuentra con Portugal. La mayoría de las habitaciones tiene vistas del Atlántico.

Parador de Cazorla

MAPA G3 ■ 953 72 70 75 ■ Sierra de Cazorla s/n ■ Cerrado ene-feb ■ www.parador.es ■ €€
Esta elegante casa de campo con impresionantes vistas, situada en un lugar remoto de la sierra de Cazorla, permite alejarse de todo cómodamente. El restaurante ofrece comida local y caza en temporada.

Parador de Ronda

MAPA D5 ■ Plaza de España ■ 952 87 75 00 ■ €€€
Situado en el antiguo ayuntamiento; las vistas desde las habitaciones son espectaculares y su decoración refleja los colores de la zona.

Parador del Gilbralfaro, Málaga

PLANO S4 ■ Castillo de Gibralfaro ■ 952 22 19 02 ■ www.parador.es ■ €€€
Este parador rodeado de pinos se encuentra frente a la Alcazaba. Está cerca de varios campos de golf y pistas de tenis.

Parador de Mazagón

MAPA B4 ■ Ctra. San Juan del Puerto-Matalascañas km 31 ■ 959 53 63 00 ■ www.parador.es ■ €€€
Es ideal para aquellos que quieran estar cerca de la naturaleza, especialmente de las maravillas de la cercana Doñana. Tiene jardines, piscinas y una sauna, frente a la playa de Mazagón.

Parador de Mojácar

MAPA H4 ■ Paseo del Mediterráneo 339 ■ 950 47 82 50 ■ www.parador.es ■ €€
Este parador de playa, a 1,5 km de Mojácar y a 3 km de un campo de golf, tiene un ambiente acogedor, espectaculares vistas desde las terrazas de las habitaciones y del comedor de arriba. Ultramoderno, limpio y aceptan encantados a los niños.

Parador de San Francisco, Granada

PLANO S3 ■ C/ Real de la Alhambra ■ 958 22 14 40 ■ www.parador.es ■ €€€
Es el alojamiento más importante de la ciudad, pero hay que reservar con un año de anticipación. Se encuentra en un hermoso monasterio del siglo XV meticulosamente restaurado con un patio lleno de glicinias. Para una mejor experiencia, reserve una habitación con vistas al Albaicín por un lado y al claustro por otro.

Hoteles de lujo

Casa Vesta, Zufre

MAPA B3 ■ C/ Santa Zita, Zufre ■ 647 72 38 08 ■ www.casa-vesta.com ■ €€
Hotel de diseño situado en el campo de Huelva. Tiene servicios de primera categoría, así como sala de billar, biblioteca, piscina exterior y wifi gratis. No acepta a menores de 16 años.

Hotel Infanta Cristina, Jaén

MAPA E3 ■ Avenida de Madrid 1 ■ 953 26 30 40 ■ www.hotelinfanta cristina.com ■ €€€
Situado en el centro de Jaén, este hotel contemporáneo ofrece habitaciones y suites decoradas con gusto. El restaurante sirve delicias tradicionales. Tiene piscina exterior y solárium.

Hotel Jerez & Spa, Jerez

MAPA B5 ▪ Avda. Álvaro Domecq 35 ▪ 956 30 06 00 ▪ www.hace.es ▪ €€
Las habitaciones, que dan a los jardines, tienen una decoración muy cálida. Todas tienen TV por satélite e Internet; muchas también tienen *jacuzzi*. Tiene un *spa*.

Hotel Montelirio, Ronda

MAPA D5 ▪ C/ Tenorio 8 ▪ 952 87 38 55 ▪ www.hotelmontelirio.com ▪ €€
Hotel situado en un palacio del siglo XVII muy bien restaurado que ofrece todas las comodidades. Colgado al borde de la garganta de Ronda, ofrece vistas espectaculares. Tiene una piscina exterior y baño turco.

Club Marítimo de Sotogrande

MAPA C6 ▪ Puerto deportivo, Sotogrande ▪ 956 79 02 00 ▪ www.clubmaritimodesotogrande.com ▪ €€€
Este lujoso hotel, decorado con mucho gusto, ofrece vistas espectaculares desde cada habitación, y en algunos casos desde la bañera. Bicicletas gratis y descuentos para jugar al golf.

El Fuerte, Marbella

MAPA D5 ▪ Avda. El Fuerte ▪ 952 86 15 00 ▪ www.fuertehoteles.com ▪ €€€
En el centro de Marbella, junto al mar y rodeado de jardines tropicales. Cerca del barrio histórico, por lo que puede descubrir la Marbella "real" y rodearse de *glamour*. Mínimo estancias de dos o tres noches en temporada alta.

Hospes Palacio del Bailío, Córdoba

MAPA D3 ▪ Ramírez de las Casas Deza 10-12 ▪ 957 49 89 93 ▪ www.hospes.es ▪ €€€
Se encuentra en un complejo de graneros, cocheras y establos del siglo XVI, y está rodeado de jardines y patios.

Hotel Barrosa Palace, Chiclana de la Frontera

MAPA B5 ▪ Novo Sancti Petri ▪ 956 49 22 00 ▪ www.hipotels.com/hotel-barrosa-palace-en-cadiz.htm ▪ €€€
Hotel-*spa* al sur de Cádiz, situado en la playa. Tiene tres restaurantes, un gimnasio, piscinas cubiertas y exteriores y una serie de tratamientos de belleza. Estancias mínimas de dos o tres noches en temporada alta.

Vincci Selección Aleysa, Benalmádena

MAPA D5 ▪ Avda. Antonio Machado 57 ▪ 952 56 65 66 ▪ www.vinccihoteles.com ▪ €€€
Este hotel de diseño frente a la playa tiene grandes vistas al mar. Hay un *spa* y actividades saludables que incluyen yoga y pilates gratis en el jardín.

Hoteles junto al mar

Barceló Jerez, Montecastillo

MAPA B5 ▪ Ctra. de Jerez a Arcos de la Frontera km 6 ▪ 956 15 12 00 ▪ www.hotelbarcelomontecastillo.com ▪ €€
Este hotel, junto a uno de los mejores campos de golf de Europa, ofrece un montón de opciones para disfrutar de su estancia.

Hotel Paraíso del Mar, Nerja

MAPA E5 ▪ C/ Prolongación de Carabeo 22 ▪ 952 52 16 21 ▪ www.hotelparaisodelmar.es ▪ €€
Todas las habitaciones de esta antigua villa tienen *jacuzzi* y vistas a la playa, a las montañas o los jardines del hotel. Los huéspedes tienen acceso privado a la playa de Burriana.

Hotel Playa de la Luz, Rota

MAPA B5 ▪ Avda. de la Diputación ▪ 956 81 05 00 ▪ www.hace.es/hoteles-en-cadiz-provincia/hotel-playa-luz ▪ €€
En este hotel, junto a una playa impecable, la mayoría de las habitaciones tiene terraza o balcón. En temporada alta hay que reservar un mínimo de dos o tres noches.

Hotel Vincci Rumaykiyya, Sierra Nevada, Monachil

MAPA F4 ▪ Urb. Sol y Nieve s/n ▪ 958 48 25 08 ▪ www.vinccihoteles.com ▪ Cerrado de mediados de abril a diciembre ▪ €€
Hotel con decoración alpina y buenas vistas desde la terraza en el centro de la estación de esquí.

Tui Blue Isla Cristina Palace & Spa, Isla Cristina

MAPA A4 ▪ Avda. del Parque s/n ▪ 959 34 44 99 ▪ www.tuiblueislacristinapalace.com ▪ €€
Disfrute del acceso frente a la playa y de una serie de masajes, baños turcos y saunas. Todas las habitaciones tienen jacuzzi.

Precios ver p. 140

Barceló La Bobadilla, Loja, Granada

MAPA E4 ▪ Ctra. Salinas-Villanueva de Tapia (A333) km 65,5 ▪ 958 32 18 61 ▪ www.barcelo.com ▪ €€€

Fabuloso hotel que parece un pequeño pueblo árabe. Tiene su propia capilla, así como bellos jardines y patios.

Hotel Fuerte Conil, Conil de la Frontera

MAPA B5 ▪ Playa de la Fontanilla ▪ 956 44 33 44 ▪ www.fuertehoteles.com ▪ Cerrado de nov a feb ▪ €€€

Este hotel de estilo neomorisco, cerca de Conil, ha sido premiado por sus prácticas medioambientales. Posee varios restaurantes, una piscina, un *spa* e instalaciones deportivas.

Hotel La Fuente de la Higuera, Ronda

MAPA D5 ▪ Partido de los Frontones ▪ 952 16 56 08 ▪ www.hotellafuente.com ▪ €€€

Situado en un molino de aceite renovado. Las habitaciones están diseñadas individualmente y tiene una zona de jardín o terraza. También tiene una piscina al aire libre.

Kempinski Resort Hotel, Estepona

MAPA D5 ▪ Ctra. de Cádiz km 159 ▪ 952 80 95 00 ▪ www.kempinski.com /es/marbella ▪ €€€

Un magnífico balneario con una extravagante arquitectura árabe y regional que se adapta perfectamente al ambiente junto al mar.

Marriott Marbella Beach Resort

MAPA D5 ▪ Urb. Marbella del Este, ctra. de Cádiz km 193 ▪ 952 76 96 00 ▪ www.marriott.com ▪ €€€

Hotel rodeado por jardines con varias piscinas, un gran gimnasio, sauna y muchas actividades para niños.

Hoteles históricos

Hotel La Casa del Califa, Vejer de la Frontera

MAPA C6 ▪ Plaza de España 16 ▪ 956 44 77 30 ▪ www.califavejer.com ▪ €€

Alojarse en este hotel, creado a partir de ocho casas, incluida la Casa del Juzgado, del siglo XVII, es como estar en una casa privada. Excelentes vistas y servicio y un restaurante recomendado.

Palacio de la Rambla, Úbeda

MAPA F2 ▪ Plaza del Marqués 1 ▪ 953 75 01 96 ▪ www.palaciodelarambla.com ▪ €€

Este palacio del siglo XVI ofrece ocho habitaciones donde los huéspedes experimentan su refinado ambiente. Se dice que el patio fue diseñado por el arquitecto Andrés de Vandelvira.

Amanhavis Hotel, Benahavis, Málaga

MAPA D5 ▪ C/ Pilar 3 ▪ 952 85 60 26 ▪ www.amanhavis.com ▪ Cerrado de mediados de enero a mediados de febrero ▪ €€

Este lugar es como un parque temático de Andalucía, aunque hecho con mucho gusto. Las habitaciones están ligadas a episodios o personajes de la historia de España, como Boabdil o Cristóbal Colón, y su estilo va en consonancia. Wifi gratis.

Hacienda de Orán, Utrera

MAPA C4 ▪ Ctra. A8029 km 7 ▪ 955 81 59 94 ▪ www.haciendadeoran.com ▪ €€

Casa solariega andaluza del siglo XVII decorada con antigüedades y ricas telas. Hay porches cubiertos para buganvillas, establos, un museo del carruaje, una piscina e incluso una pequeña pista de aterrizaje.

Hotel Convento Aracena

MAPA B3 ▪ C/ Jesús y María 19 ▪ 959 12 68 99 ▪ www.hotelconventoaracena.es ▪ €€

Hotel situado en un convento del siglo XVII que tiene una piscina exterior, así como un *spa* y un centro de bienestar. Desayuno bufé. En recepción se pueden alquilar bicicletas.

Hotel Hacienda Posada de Vallina, Córdoba

MAPA D3 ▪ C/ Corregidor Luis de la Cerda 83 ▪ 957 49 87 50 ▪ www.hhposadadevallina.es ▪ €€

En el corazón del barrio judío de Córdoba, conserva elementos originales como los techos con vigas y muros de piedra expuestos.

Crisol Monasterio de San Miguel, El Puerto de Santa María

MAPA B5 ▪ C/ Virgen de los Milagros 27 ▪ 956 54 04 40 ▪ www.monasteriosanmiguelhotel.com ▪ €€

Este antiguo monasterio con arte y arquitectura barroca posee un excelente restaurante, una piscina y un solárium.

Hotel Puerta de la Luna, Baeza

MAPA F2 ▪ Canónigo Melgares Raya s/n ▪ 953 74 70 19 ▪ www.hotelpuerta delaluna.com ▪ €€
Edificio del siglo XVI en el centro antiguo de Baeza. Las habitaciones tienen decoración única. Wifi gratis y piscina exterior.

Sojo Boutique Palacio San Gabriel, Ronda

MAPA D5 ▪ C/ Marqués de Moctezuma 19 ▪ 952 19 03 92 ▪ www.en.sohohoteles. com ▪ Cerrado 1-9 ene, 19-31 jul y 21-31 dic ▪ €€
Esta remozada mansión construida en 1736 tiene el escudo de armas original y una bonita fachada. Ofrece habitaciones suntuosas a buen precio.

NH Amistad Córdoba

MAPA D3 ▪ Plaza de Maimónides 3 ▪ 957 42 03 35 ▪ www.nh-hotels.com ▪ €€€
Cerca de la mezquita y dentro de los muros de la ciudad antigua. Sus grandes patios y claustro son maravillosos. Tiene una piscina con trampolín y una terraza. Wifi gratis.

Alojamiento económico

Hostería Lineros 38, Córdoba

MAPA D3 ▪ C/ Lineros 38 ▪ 957 48 25 17 ▪ www. hotelriadlineros38. mydirectstay.com ▪ €€
De estilo mudéjar, es un edificio agradable que encarna el encanto intercultural de la ciudad. Wifi gratis.

Hotel Doña Blanca, Jerez de la Frontera

MAPA B5 ▪ C/ Bodegas 11 ▪ 956 34 87 61 ▪ www. hoteldonablanca.com ▪ €
Este alojamiento proporciona todos los servicios

que se esperarían de una propiedad de gama alta. Las habitaciones están perfectamente mantenidas. También tiene aparcamiento y wifi gratis.

Hotel Embarcadero de Calahonda de Granada

MAPA F5 ▪ C/ Biznaga 14 ▪ 958 62 30 11 ▪ www. embarcaderodecalahonda. com ▪ €
Hotel situado al lado de la playa, con habitaciones elegantes y bien equipadas.

Hotel González, Córdoba

MAPA D3 ▪ C/ Manríquez 3 ▪ 957 47 98 19 ▪ www. hotel-gonzalez.com ▪ €€
Este encantador hotel es un ejemplo de las antiguas casas del barrio judío. Tiene un patio central y una elegante entrada de mármol repleta de antigüedades y techo alto. Wifi gratis.

Hotel Palacio de Hemingway

MAPA D5 ▪ C/ Tenorio 1, Ronda ▪ 952 87 01 01 ▪ €
Esta elegante mansión fue antes la casa del poeta Pedro Pérez Clotet. Sus 12 habitaciones tienen mobiliario de estilo andaluz hecho a mano. El restaurante-terraza brinda magníficas vistas de la ciudad. Hay wifi gratis.

La Casa Campana, Arcos de la Frontera

MAPA C5 ▪ Núñez de Prado 4 ▪ 600 28 49 28 ▪ www.casacampana.com ▪ €
Este hotel cuenta con siete habitaciones con baño (una de ellas un apartamento) y una terraza con vistas al río y a la ciudad. El desayuno no está incluido. Wifi gratis.

La Casa Grande, Arcos de la Frontera

MAPA C5 ▪ C/ Maldonado 10 ▪ 956 70 39 30 ▪ www. lacasagrande.net ▪ Cerrado 6 ene-6 feb ▪ €
La familia Núñez de Prado levantó esta mansión en 1729 sobre el farallón de La Peña. Está decorada con azulejos, columnas de piedra, vigas de madera y antigüedades. Wifi gratis.

Pensión Sevillano, Nerja

MAPA E5 ▪ C/ Almirante Ferrándiz 31 ▪ 952 52 15 23 ▪ www. pensionsevillano.com ▪ €
Hostal familiar en el corazón de Nerja, decorado con gusto al estilo marroquí. Las habitaciones son cómodas y tiene ventiladores en el techo, neveras y baño privado. Posee una estupenda terraza en la azotea.

Hotel Argantonio, Cádiz

MAPA B5 ▪ C/ Argantonio 3, Cádiz ▪ 956 21 16 40 ▪ www.hotel argantonio.es ▪ €
Situado en el casco viejo, cada piso tiene una decoración diferente. Todas las habitaciones tienen baño, pantalla plana de TV y wifi gratis. Algunas habitaciones tienen balcón.

Hotel TRH, Baeza

MAPA F2 ▪ C/ Concepción 3 ▪ 953 74 81 30 ▪ www. trhbaeza.com ▪ €
Oasis de tranquila belleza en el corazón de esta ciudad renacentista. Forma parte de una cadena, con todas sus ventajas, aunque evoca un estilo intemporal.

Precios ver p. 140

Retiros rurales

Alcázar de la Reina, Carmona

MAPA C3 ▪ Hermana Concepción Orellana 2 ▪ 954 19 62 00 ▪ www.alcazar-reina.es ▪ €
En el centro histórico de este pequeño pueblo, con una destacada fachada y un interior que refleja la artesanía mudéjar. Las habitaciones son todas diferentes, pero tienen baños de mármol y muchas cuentan con vistas espectaculares.

Alquería de los Lentos, Nigüelas

MAPA F4 ▪ Camino de los Molinos ▪ 659 91 29 61 ▪ www.alqueria deloslentos.com ▪ €
Molino del siglo XVI transformado en un pequeño hotel y en un restaurante orgánico, a los pies de Sierra Nevada. Hay una piscina y la mayoría de las habitaciones tienen terraza.

Antonio, Zahara de los Atunes

MAPA C6 ▪ Atlanterra km 1 ▪ 956 43 91 41 ▪ www.antoniohoteles.com ▪ €€
Junto al mar y decorado en estilo tradicional. La mayoría de las habitaciones tiene terrazas con vistas al mar. Cuenta con una bonita piscina.

Casa Don Carlos, Alhaurín el Grande

MAPA D5 ▪ Ctra. Coín-Churriana km 3,5, Alhaurín el Grande ▪ 669 94 50 46 ▪ www.casadoncarlos.com ▪ €
Este premiado alojamiento con desayuno que mira a Alhaurín el Grande, tiene estupendas vistas a los campos. Las habita-

ciones son cómodas. Los huéspedes pueden alquilar coches y motocicletas.

Casas Cueva La Tala, cerca de Guadix

MAPA F4 ▪ A-92 km 1,5, Camino de la Tala al Perro ▪ 958 66 29 54 ▪ www.casascuevalatala.com ▪ €
Complejo de viviendas cueva muy bien conservadas y una casa señorial del siglo XVIII, algunas con bañera de hidromasaje. Piscina exterior, barbacoa y un bonito terreno conforman un entorno ideal para relajarse.

Casona de Calderón Hotel, Osuna

MAPA D4 ▪ Plaza Cervantes 16 ▪ 954 81 50 37 ▪ www.casona calderon.es ▪ €
Este exquisito hotel *boutique* ubicado en una localidad histórica cercana a Sevilla ofrece un ambiente relajado. Las habitaciones están decoradas con aire antiguo. Hay un agradable patio con piscina y un excelente restaurante.

Hotel Villa María, Cabra

MAPA E3 ▪ C/ Antonio Povedano 23 ▪ 857 89 40 40 ▪ www.villamariacabra.com ▪ €
Esta casa señorial al borde de la cordillera Subbética ofrece 12 habitaciones amuebladas con encanto. El restaurante prepara pícnics.

Cortijo El Sotillo, San José

MAPA H5 ▪ Ctra. Entrada a San José ▪ 950 61 11 00 ▪ www.playasycortijos.com ▪ €€
Una tranquila base desde la que explorar las playas

de Cabo de Gata. Las habitaciones son amplias y tienen grandes terrazas con hermosas vistas.

Finca Buen Vino, sierra de Aracena

MAPA B3 ▪ Los Marines, N433 km 95 ▪ 959 12 40 34 ▪ www.fincabuenvino.com ▪ €€
Rancho en medio de verdes colinas transformado en alojamiento con desayuno. Está lleno de una mezcla ecléctica de muebles, pinturas, cerámica y libros. Todas las habitaciones son peculiares y también hay disponibles casitas con piscina privada. Su web ofrece actividades.

La Almendra y el Gitano, Agua Amarga

MAPA G4 ▪ Camino Cala del Plomo, Agua Amarga ▪ 678 50 29 11 ▪ www.laalmendrayelgitano.com ▪ €€€
Tranquilidad en el corazón del parque natural, cerca de playas vírgenes, y sin teléfono ni Internet. Hay una cocina a disposición de los clientes.

Albergues, campings y apartamentos

Albergue Inturjoven, Marbella

MAPA G4 ▪ C/ Trapiche 2 ▪ 955 18 11 81 ▪ www.inturjoven.com ▪ €
Excelente albergue con dormitorios compartidos, habitaciones dobles, una piscina y actividades recreativas. Está justo al norte del casco antiguo. Se puede ir caminando por las calles empedradas hasta la playa y el puerto.

Camping Cabo de Gata, Cabo de Gata

MAPA H5 ▪ Ctra. Cabo de Gata, Cortijo Ferrón ▪ 950 16 04 43 ▪ www.campingcabodegata.com ▪ €

Camping con zonas de sombra para tiendas, tráileres y enganches para caravanas y bungalós. Piscina, acceso a las playas prístinas y cajas fuertes en recepción.

Camping Conil, Conil de la Frontera

MAPA B5 ▪ Carril Hijuela de la Mirla 86 ▪ 956 92 24 18 ▪ www.campingconil.es ▪ €

Ubicado en una tranquila zona de pinos próxima a la costa, cuenta entre sus instalaciones con piscina, pistas de tenis, un minimercado, bar, restaurante y lavandería.

Camping El Sur, Ronda

MAPA D5 ▪ Ctra. Ronda-Algeciras km 1,5 ▪ 952 87 59 39 ▪ www.campingelsur.com ▪ €

Dispone de camping y bungalós con cocina y baño. Es perfecto para dar hermosos paseos o cabalgar por los campos de alrededor de Ronda.

Hostal la Fuente, Córdoba

MAPA D3 ▪ C/ San Fernando 51 ▪ 957 48 78 27 ▪ www.hostallafuente.com ▪ €

Hotel económico en el centro de Córdoba que ofrece habitaciones individuales, dobles, triples y cuádruples, así como algunos apartamentos. Hay una terraza en la azotea con un café, un patio central y un gran salón común.

Hostal La Malagueña, Estepona

MAPA D5 ▪ C/ Raphael 1 ▪ 952 80 00 11 ▪ www.hlmestepona.com ▪ €

Aunque no es un albergue oficial, ni está destinado a mochileros, no cuesta más caro. Las amplias habitaciones tienen balcones que dan a la plaza. Se puede pasear por las playas de arena o ir a ver las tiendas de este antiguo pueblo de pescadores.

Hostal La Posada, Mijas

MAPA D5 ▪ C/ Coín 47 y 49 ▪ 952 48 53 10 ▪ €

Alquile un apartamento completamente equipado en este Pueblo Blanco y conozca un poco de la Andalucía real. No todos tienen aire acondicionado.

Instalación Juvenil, Sol y Nieve, Sierra Nevada

MAPA F4 ▪ C/ Peñones 22 ▪ 955 18 11 81 ▪ www.inturjoven.com ▪ €

Situado cerca de la parte alta de la estación de esquí, tiene habitaciones de dos a seis personas. Lugar ideal para esquiadores en invierno y senderistas en verano. Se alquilan esquíes y otros equipamientos.

Los Castillarejos Apartamentos Rurales, Luque

MAPA D3 ▪ Ctra. CO-6203 km 5,7, Luque ▪ 957 09 00 12 ▪ www.loscastillarejos.com ▪ €

Catorce apartamentos decorados usando materiales naturales y piedra local. Las cocinas están equipadas; hay piscina y wifi gratis.

Cantueso, Periana

MAPA E4 ▪ Periana, Málaga ▪ 699 94 62 13 ▪ www.cantueso.net ▪ €

Diez casitas de campo encaladas con terraza para disfrutar de un espléndido entorno en la ladera de la montaña. Los jardines proporcionan tranquilidad. No todas tienen aire acondicionado.

Casas Karen, Costa de la Luz

MAPA C6 ▪ Camino del Monte 6, cerca de Cabo Trafalgar ▪ 956 43 70 67 ▪ www.casaskaren.com ▪ €€

Típicas chozas andaluzas y construcciones rurales reformadas entre los pinares y la playa. Siga las indicaciones al faro de Trafalgar.

Casas rurales Benarum, Mecina Bombarón

MAPA F4 ▪ C/ Casas Blancas 1 ▪ 958 851 149 ▪ www.benarum.com ▪ €

Doce cabañas rurales, en las que caben de dos a cinco personas ubicadas en un tranquilo pueblo de montaña. Están completamente equipadas y hay una piscina y un *spa*.

Torre de la Peña, Tarifa

MAPA C6 ▪ Ctra. N340, Tarifa ▪ 956 68 49 03 ▪ www.campingtp.com ▪ €

Ofrece un camping y bungalós frente a la playa con vistas espectaculares. Es perfecto para practicar windsurf, kitesurf y buceo con tubo. Tiene un buen restaurante.

Precios ver p. 140

Índice general

Los números en **negrita** hacen referencia a las entradas principales.

Agradecimientos

Edición actualizada por

Colaboración Lynnette McCurdy Bastida

Edición sénior Dipika Dasgupta, Alison McGill

Diseño de proyecto sénior Stuti Tiwari

Edición de proyecto Sarah Allen

Diseño de proyecto Bineet Kaur

Documentación fotográfica sénior
Vagisha Pushp

Iconografía sénior Taiyaba Khatoon

Diseño de cubierta Jordan Lambley

Cartografía sénior Subhashree Bharati

Cartografía Suresh Kumar

Diseño DTP sénior Tanveer Zaidi

Producción sénior Jason Little

Producción Kariss Ainsworth

Responsables editoriales Shikha Kulkarni,
Beverly Smart, Hollie Teague

Edición de arte Sarah Snelling

Edición de arte sénior Priyanka Thakur

Dirección de arte Maxine Pedliham

Dirección editorial Georgina Dee

DK quiere dar las gracias a las siguientes
personas por su contribución a la edición
anterior: Kathryn Glendenning, Jeffrey
Kennedy, Chris Moss, Helen Peters.

La editorial quiere agradecer a las siguientes
personas, instituciones y compañías el
permiso para reproducir las siguientes
fotografías:

Leyenda: a=arriba; b=abajo; c=centro;
f=extremo; l=izquierda; r=derecha; t=superior

Alamy Stock Photo: a-plus image bank 15bl,
81tr; age fotostock/Alberto Paredes 128tl, /
Alvaro Leiva 71crb, /Francisco Barba 26br, /
Rafael Campillo 73cl, /J.D. Dallet 122cl, /Juan
José Pascual 57cr, 125tr; age fotostock 76cl;
Guillermo Aguilar 14bl; Jerónimo Alba 54cr,
62-3, 79clb, 80b; Album/Francesc Fàbregas
51clb; Peter Barritt 48cl; Artur Bogacki
65cl; Tibor Bognar 11cr, 34bl; Bon Appetit/
FoodPhotogr. Eising 77tr; Charles Bowman
64tl; Michelle Chaplow 72br; CHROMORANGE/
Günter Fischer 67tr; Classic Image 52cra;
classicpaintings 48tr; Stuart Crump HDR 69tr;
colau 50bl; Design Pics Inc/Ken Welsh 44tc; Ilja
Dubovskis 99cb; Hemis.fr/Bruno Morandi 46t,
/Bertrand Reiger 22crb; Heritage Image
Partnership Ltd/ Werner Forman Archive 45c;
Peter Horree 108cla; Jam World Images 56cl,
61tr, 98b; John Kellerman 18bl, 87cl; LOOK Die
Bildagentur der Fotografen GmbH/Ingolf Pompe
110bl; Jose Lucas 47cl; Clement McCarthy 46bl;
Angus McComiskey 7t; Tim Moore 128bc; Hilary
Morgan 55crb; Perry van Munster 101cr,
113clb; myLAM 129cr; Peter Netley 39clb; Sean
Pavone 22-3; philipus 95tl; Ingolf Pompe 87
112tl; QED images 48bc; Rolf Richardson
49clb; Robertharding / Frank Fell 3tr, 130-131;
Robert Harding Productions 47tr; Rolf Hicker
Photography 58br, 116tr; Pascal Saez 38-9, 80cla;
Scott Rylander Stage 49br; Carmen Sedano
110cra; Gordon Sinclair 77cl; Michael
Sparrow 60br; Aleksandrs Tihonovs 50t;
Ivan Vdovin 97cl; VWPicsz / Felipe Rodriguez
91br; Bax Walker 111cr; Ken Welsh 21cr, 70cl;
Tony West 39cr; Tim E White 90cl;
Wiskerke 54bl.

Bridgeman Images: 43br.

**Consejería de Turismo, Comercio y Deportes
de la Junta de Andalucía:** 4t, 13cr, 17t, 24cl.

Corbis: EPA/ Julio Munez 91bl; the food
passionates/ Hendrik Holler 76t; Owen
Franken 76bcb; Hemis/Patrick Escudero 4cla;
Katja Kreder 42cr; Ocean/Marco Brivio 53crb.

Dreamstime.com: Adreslebedev 78tr;
Alexsalcedo 79tr; David Acosta Allely
26clb; Amoklv 32clb; Angellodeco 72cla;
Arenaphotouk 34cr, 35tc, 35crb, 38bl, 51crb,
100bc, 106clb; Artur Bogacki 24bc, 106tl; Boris
Breytman 31tl; Paul Brighton 74cl; Gunold
Brunbauer 4clb; Ryhor Bruyeu 69cl, Carpaumar
94tl, Sorin Colac 24cr; Shchipkova Elena
10crb, Serban Enache 104b; Iakov Filimonov
7cra, 96br; Fotomicar 61cl; Jordi Clave Garsot
18cr; Grantotufo 96tl; Silvia Blaszczyszyn
Jakiello 86cl; Lukasz Janyst 33tc; Jarcosa
95cr; Jesole 27tl; Kiko Jiménez 57tl, 86br;
Joserpizarro 2tr, 40-1, 68t; Marcin Jucha 75tr;
Karelgallas 60t; Vichaya Kiatying-angsulee
4crb, 21t, 86tl; Karol Kozlowski 12bl, 16cr, 59t,
104tl; Dmitry Kushch 44b; Emanuele Leoni
10cl, 14tl, 19l; Elisa Locci 26-7; Lotsostock 16tl;
Lunamarina 4b, 65br; Dariya Maksimova
98cra; Mardym 78b; Enrico Mariotti 100tl; Brian
Maudsley 25cr; minnystock 30-1, 117c; Elena
Moiseeva 74br; Moskwa 105cl; Juan Moyano
32-3, 58cl, 74tr, 119clb; Aitor Muñoz Muñoz 127cl;
Carlos Neto 31bl; Pathastings 75cla; Sean
Pavone 2tl, 3tl, 4cl, 8-9, 30cl, 82-3, 85tl, 108br,
114-5; Perseomedusa 6cra; Pigprox 45tl, 89cra;
Yuan Ping 11tl; Ppy2010ha 75clb; Quintanilla
37crb; Rangpl 32br; Alvaro Trabazo Rivas 107cl;
Fesus Robert 103tl; Paloma Rodriguez De
Los Rios Ramirez 118t; Rubenconpi 123cl;
Sborisov 12-3, 19br; Jozef Sedmak 25tc, 49tl,
52b, 84tl, 88tl, 118cl; Sergeialyoshin 10-1;
Iryna Soltyska 23bl, 33cr; Jose I. Soto 13clb,
15cr, 16br; Alena Stalmashonak 20r; Nick
Stubbs 39tl, 64b; Jan Sučko 11cra; Titelio

10cla; Aleksandar Todorovic 20cl, 42b, 85br; Typhoonski 27bl, 73br; Txematrull 11br; Venemama 68br; Alvaro German Vilela 10clb; Yury 124cl; Natalia Zakharova 99tr; Vladimir Zhuravlev 71; Zoom-zoom 45br.

El Camborio: 121tr.

El Rinconcillo: 92t.

Getty Images: Hulton Archive / Print Collector 43tl; DEA/C. SAPPA 96c; Moment 67cl; NIS/ Diego López Álvarez 36-37; David Ramos 81cl; UIG/Editorial Education Images 36b; Universal Images Group / Sepia Times 55tc.

Getty Images/iStock: Uwe Moser 28-29.

Ministerio de Agricultura, Alimentación y Medio Ambiente
Gabinete de la Ministra: 11clb, 36cl; CENEAM - MMA/J.M. Reyero 36crb, 37tc.

Museo Torre de la Calahorra: 23cb.

Real Alcázar de Sevilla: 21clb.

Robert Harding Picture Library: age fotostock/Daniel Sanz 6br; J.D. Dallet 22cl; Anna Elias 126tr; Jose Fuste Raga 126b; Sylvain Grandadam 93clb; Jose Lucas 120cr; Guy Thouvenin 89bl; Ben Welsh 66bl.

Shutterstock.com: Diego Grandi 1; Jose Carlos Serrano 66tl; Wirestock Creators 102cla.

SuperStock: Iberfoto 124tr.

Real Club Valderrama: 109tr.

Cubierta

Delantera y lomo: **Shutterstock.com:** Diego Grandi.

Trasera: **AWL Images:** Matteo Colombo crb, Stefano Politi Markovina cla; **Dreamstime. com:** Tatiana Bralnina tl; **iStockphoto.com:** SeanPavonePhoto tr; **Shutterstock.com:** Diego Grandi b.

Mapa desplegable

Shutterstock.com: Diego Grandi.

Resto de imágenes © Dorling Kindersley

Para más información:
www.dkimages.com

Penguin
Random
House

De la edición en español
Servicios editoriales Moonbook
Traducción DK
Coordinación editorial Cristina Gómez
de las Cortinas
Dirección editorial Elsa Vicente

Impreso y encuadernado en China

Publicado originalmente en
Gran Bretaña en 2004
por Dorling Kindersley Limited
DK, One Embassy Gardens,
8 Viaduct Gardens, London SW11 7BW, UK

Copyright © 2004, 2024 Dorling
Kindersley Limited
Parte de Penguin Random House

Título original Eyewitness Travel
Top 10 Andalucía and the Costa del Sol
Octava edición, 2025

ISBN 978-0-241-72572-6

MIXTO
Papel | Apoyando la
silvicultura responsable
FSC
www.fsc.org
FSC™ C018179

Este libro se ha impreso con papel
certificado por el Forest Stewardship
Council™ como parte del compromiso
de DK por un futuro sostenible.
Para más información, visita
www.dk.com/our-green-pledge

Notas de viaje